plurall

Parabéns!
Agora você faz parte do **Plurall**, a plataforma digital do seu livro didático!
Acesse e conheça todos os recursos e funcionalidades disponíveis para as suas aulas digitais.

Baixe o aplicativo do **Plurall** para Android e IOS ou acesse **www.plurall.net** e cadastre-se utilizando o seu código de acesso exclusivo:

AAPG3NHXN

Este é o seu código de acesso Plurall.
Cadastre-se e ative-o para ter acesso aos conteúdos relacionados a esta obra.

CB011608

@plurallnet

@plurallnetoficial

SOMOS
EDUCAÇÃO

De mãos dadas
ÉTICA E CIDADANIA

7

Ensino Religioso

Avelino A. Correa

Graduado em Teologia e Filosofia.
Professor e conferencista de Ensino
Religioso e Filosofia.
Prêmio Jabuti em 2001 pelo livro
Para filosofar, editora Scipione.

Amélia Schneiders

Licenciada em Pedagogia.
Professora de Ensino Religioso
nos Ensinos Fundamental e Médio.
Professora de Didática e Prática
de Ensino em cursos de magistério.

editora scipione

editora scipione

Direção de inovação e conteúdo: Guilherme Luz
Direção editorial: Luiz Tonolli e Renata Mascarenhas
Gestão de projeto editorial: Mirian Senra
Gestão e coordenação de área: Wagner Nicaretta e Brunna S. Paulussi (Ciências Humanas)
Edição: Solange Mingorance, André Luiz Botelho Fonseca (assist.)
Colaboração: Andréia Szcypula
Gerência de produção editorial: Ricardo de Gan Braga
Planejamento e controle de produção: Paula Godo, Roseli Said
Revisão: Hélia de Jesus Gonsaga (ger.), Kátia Scaff Marques (coord.), Rosângela Muricy (coord.), Adriana Rinaldi, Ana Paula C. Malfa, Carlos Eduardo Sigrist, Gabriela M. de Andrade, Heloísa Schiavo, Larissa Vazquez, Luís Maurício Boa Nova e Patricia Cordeiro
Edição de arte: Claudio Faustino (coord.), Simone Zupardo Dias (edição de arte)
Diagramação: Livia Vitta Ribeiro
Iconografia e licenciamento de texto: Sílvio Kligin (superv.), Cristina Akisino e Denise Kremer (coord.), Iron Mantovanello (pesquisa iconográfica), Liliane Rodrigues e Luciana Sposito (licenciamento de texto)
Tratamento de imagem: Cesar Wolf, Fernanda Crevin
Ilustrações: André Valle, Biry Sarkis
Cartografia: Eric Fuzii (coord.)
Capa: Gláucia Correa Koller (coord.) e Aurelio Gadini Camilo
Foto de capa: Glowimages RF/Getty Images
Projeto gráfico de miolo: Gláucia Correa Koller (coord.), Talita Guedes da Silva

---

Todos os direitos reservados por Editora Scipione S.A.
Avenida das Nações Unidas, 7221, 1º andar, Setor D
Pinheiros – São Paulo – SP – CEP 05425-902
Tel.: 4003-3061
www.scipione.com.br / atendimento@scipione.com.br

```
Dados Internacionais de Catalogação na Publicação (CIP)

Correa, Avelino A.
   De mãos dadas : ética e cidadania, ensino
religioso / Avelino A. Correa, Amélia Schneiders. --
10. ed. -- São Paulo : Editora Scipione, 2017. --
(Coleção de mãos dadas)

   Suplementado pelo manual do professor.
   Bibliografia
   ISBN: 978-85-474-0030-9 (aluno)
   ISBN: 978-85-474-0034-7 (professor)

   1. Educação religiosa (Ensino fundamental)
I. Schneiders, Amélia. II. Título III. Série.

17-04952                                CDD-377.1
```

Índices para catálogo sistemático:

1. Educação religiosa nas escolas 377.1
2. Ensino religioso nas escolas 377.1
3. Religião: Ensino fundamental 377.1

2024
ISBN 978 85 474 0030 9 (AL)
ISBN 978 85 474 0034 7 (PR)
Código da obra CL 740096
CAE 621382 (AL) / 621383 (PR)
10ª edição
9ª impressão

Impressão e acabamento: Forma Certa Gráfica Digital

Código da OP: 259314.

Uma publicação SOMOS EDUCAÇÃO

Apresentação

Nossa viagem começa nos primeiros segundos de vida, no primeiro abraço da mãe, na alegria festiva de nossos familiares e amigos e segue mundo afora, com alegrias, dúvidas, frustrações, medos, amores, conquistas e celebrações. A jornada termina em nosso último suspiro, que, assim como aqueles segundos iniciais de vida, é um momento único.

Nesta coleção, vamos refletir sobre a vida e sobre como podemos tornar essa caminhada mais prazerosa, justa e ética – para nós e para os outros.

Aprenderemos, assim, a buscar a verdade, a entender o amor, a serenar as angústias e a continuar em frente diante de tantas opções nessa jornada chamada vida.

O nome Prometeu, personagem da mitologia grega que ofereceu a sabedoria à humanidade ensinando-a a utilizar o fogo, significa "aquele que pensa antes de realizar alguma ação". Sejamos como Prometeu, refletindo antes de agir para evitar que a imprudência nos carregue em direção às armadilhas que aparecem em nosso percurso rumo ao amadurecimento.

Independentemente de sua crença, nosso objetivo é auxiliá-lo a reconhecer os caminhos que podem levá-lo a uma vida boa e ética, sempre agindo com respeito a você mesmo e ao próximo.

Os autores

Conheça seu livro

Este livro é composto de cinco unidades, divididas em três capítulos cada.

As **aberturas de cada unidade** estão sempre em página dupla. Nelas, você encontra imagens que ajudam na reflexão sobre o conteúdo a ser estudado, embasadas por duas perguntas motivadoras que iniciam a discussão coletiva acerca dos diversos temas da unidade.

Cada **abertura de capítulo** traz uma epígrafe com informações pertinentes aos estudos do tema do capítulo.

O **texto introdutório** é muito importante, pois apresenta o tema a ser estudado no decorrer do capítulo.

A seção **Para ler e pensar** está presente no final de cada capítulo, com textos que estimulam a reflexão a respeito de assuntos relacionados ao tema estudado. Sempre leia esses textos e converse sobre eles com seus pais ou responsáveis, colegas e professores.

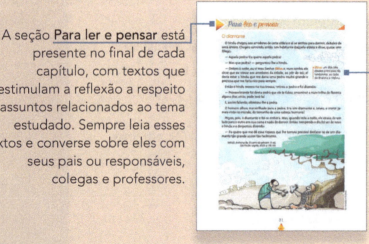

Ao longo de todo o material há indicações de **glossário**. Esse recurso permite encontrar o significado de palavras ou expressões, contribuindo para a compreensão dos conteúdos.

Todos os capítulos apresentam **atividades** que auxiliam a compreensão e o entendimento do conteúdo. Essas atividades focam na retenção do conhecimento e podem ser orais, escritas e realizadas individualmente, em dupla ou mesmo em grupo.

Ao final de cada unidade, a seção **Saiba mais** traz indicações de filmes, documentários, *sites*, livros ou palestras que vão ajudá-lo a ampliar o conhecimento sobre os assuntos estudados. Todo o material sugerido pode ser visto tanto em sala de aula quanto em casa.

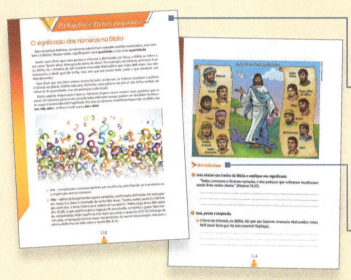

Para finalizar, cada unidade traz uma seção muito especial chamada **Religiões e livros sagrados**, em que são dadas informações mais detalhadas sobre algumas das principais religiões e suas crenças. Além disso, são abordados alguns dos livros considerados sagrados para várias religiões.
Após o texto da seção, há **atividades** ligadas especificamente ao seu conteúdo.

Ao final da obra você encontra a **Bibliografia**, com indicações que podem auxiliá-lo no aprofundamento do estudo e da pesquisa relacionados ao Ensino Religioso.

5

Sumário

UNIDADE 1 — Ética e vida 8

Capítulo 1 O que é ética? 10
PARA LER E PENSAR: Estrela de davi 13
ATIVIDADES 14

Capítulo 2 Ética e leis 16
PARA LER E PENSAR: Os animais e a peste 18
ATIVIDADES 20

Capítulo 3 Ética e religião
PARA LER E PENSAR: O velho samurai 25
ATIVIDADES 26
RELIGIÕES E LIVROS SAGRADOS: Bíblia, livro inspirado por Deus 29

Biry Sarkis/Arquivo da editora

UNIDADE 2 — Quanto você vale? 32

Capítulo 4 Os valores 34
PARA LER E PENSAR: A mãe dos Gracos 37
ATIVIDADES 38

Capítulo 5 Os tipos de valor 40
PARA LER E PENSAR: O anel 43
ATIVIDADES 45

Capítulo 6 A ordem de importância dos valores 48
PARA LER E PENSAR: O diamante 51
ATIVIDADES 52
RELIGIÕES E LIVROS SAGRADOS: Como ler a Bíblia 55

Jim West/Alamy Stock Photo/Fotoarena

UNIDADE 3 — A moral do Reino de Deus 58

Capítulo 7 — Jesus e a moral 60
PARA LER E PENSAR: Vida nova 62
ATIVIDADES 63

Capítulo 8 — A justiça do reino 66
PARA LER E PENSAR: Jesus, o defensor dos injustiçados ... 68
ATIVIDADES 69

Capítulo 9 — Um reino sem preconceitos 73
PARA LER E PENSAR: "Ele é igual a mim" 76
ATIVIDADES 77
RELIGIÕES E LIVROS SAGRADOS: Citações e abreviaturas dos livros bíblicos ... 82

Biry Sarkis/Arquivo da editora

UNIDADE 4 — Por que amar? 86

Capítulo 10 — Por que amar a Deus em primeiro lugar? ... 88
PARA LER E PENSAR: Desejos infinitos 92
ATIVIDADES 93

Capítulo 11 — Egoísmo ou amor-próprio? 96
PARA LER E PENSAR: O segredo 99
ATIVIDADES 100

Capítulo 12 — Amar o próximo 104
PARA LER E PENSAR: Exemplo de solidariedade 107
ATIVIDADES 108
RELIGIÕES E LIVROS SAGRADOS: O significado dos números na Bíblia 112

HBSS/Getty Images

UNIDADE 5 — O poder das emoções 116

Capítulo 13 — As emoções em nossa vida 118
PARA LER E PENSAR: Verde de emoção 121
ATIVIDADES 122

Capítulo 14 — Como lidar com as emoções 126
PARA LER E PENSAR: Síndrome do mau humor contagia as grandes cidades 129
ATIVIDADES 131

Capítulo 15 — A ira nossa de cada dia 135
PARA LER E PENSAR: Ira e mudança social 138
ATIVIDADES 139
RELIGIÕES E LIVROS SAGRADOS: Os nomes bíblicos 142

BIBLIOGRAFIA 144

A RAIVA É UMA DOENÇA MUITO PERIGOSA!

Alexandre Beck/Acervo do cartunista

UNIDADE 1

Ética e vida

1. O que é ética?
2. Ética e leis
3. Ética e religião

A vida nos apresenta caminhos e alternativas diversas. Cabe a nós escolher com consciência qual o melhor.

Todd Davidson/Getty Images

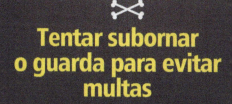

A campanha *Pequenas corrupções – diga não*, promovida pela Controladoria-Geral da União em 2014 (cartaz parcial), busca combater determinados hábitos antiéticos que, no Brasil, costumam ser culturalmente aceitos e que têm sua gravidade ignorada ou minimizada.

1. Por que não é correto furar fila nem colar nas provas?
2. Por que em qualquer organização é preciso haver um regulamento ou um conjunto de regras?

Capítulo 1
O que é ética?

> Ética é o conjunto de valores e princípios que usamos para responder a três grandes questões da vida: quero?; devo?; posso? Nem tudo que eu quero eu posso; nem tudo que eu posso eu devo; e nem tudo que eu devo eu quero. [...]
>
> MARIO Sergio Cortella fala sobre ética. *Diário de Caratinga*, Caratinga, 12 set. 2016. Cidade. Disponível em: <www.diariodecaratinga.com.br/?p=29479>. Acesso em: 4 out. 2016.

Às vezes, ser ético também exige experiência e domínio de si. Quebec, foto de 2012.

A ética tem a função de guiar o comportamento das pessoas de acordo com os valores criados pela sociedade em que vivem. Surgida na Antiguidade, a ética é uma parte da filosofia que trata do certo, do errado, do bem e do mal.

Neste capítulo, vamos aprender o conceito de ética, seu aparecimento na antiga Grécia e conhecer alguns dos pensadores dessa parte da filosofia.

Convivemos com dúvidas éticas diariamente, mesmo sem termos consciência dessa situação. Por exemplo: quando você questiona seus pais sobre a obrigação de ir dormir em determinada hora, você está expondo uma dúvida ética. Isso porque seus pais acreditam que o certo é você dormir tantas horas por noite; mas talvez você pense diferente deles. Então, quem está certo? Eis aí uma dúvida ética.

Por que isso é certo e aquilo é errado? Por que isso é um bem e aquilo é um mal? Há sempre uma razão, um motivo, para que uma ação seja considerada boa ou má.

No exemplo citado, diversos pais justificam que os filhos não devem dormir muito tarde argumentando que está comprovado que o corpo humano (principalmente o de crianças e jovens) precisa de um período mínimo de repouso por noite para que a pessoa possa se sentir bem no dia seguinte.

Surgimento da ética

A ética nasceu quando os primeiros seres humanos resolveram se unir em grupos e criaram regras para a boa convivência. Surgiram então os primeiros **códigos** de ética, que proibiam roubos, traições, mortes, entre outros, em nome do bem da comunidade. As proibições devem visar sempre a um bem maior: nesse exemplo, o objetivo é propiciar um bom ambiente para viver em comunidade.

As religiões, as profissões, os esportes e todas as sociedades têm seu código ou regulamento de ética. Quando um jogador de futebol, por exemplo, comete uma falta grave, o juiz pode expulsá-lo de campo com o objetivo de evitar tumultos ou pancadarias. Isso faz parte do código de ética esportivo.

Desde o nascimento da filosofia, há 2,5 mil anos, já foram escritos milhares de livros sobre ética.

Sócrates (469 a.C.- -399 a.C.), um dos primeiros filósofos da Antiguidade a discutir o significado da vida, do bem e do mal. Escultura de mármore.

▶ **Código:** conjunto de regras ou leis.

O lado certo

[...] Existem leis para tudo e para todos, elas dependem não apenas da fiscalização policial ou judicial, mas da interpretação que damos a elas. Já citei, há tempos, o caso de Gulliver, personagem da obra-prima de Jonathan Swift, e o cito de novo porque o assunto continua atual.

Náufrago, Gulliver caiu numa terra de anões **belicosos**, os liliputianos, que o tornaram prisioneiro e que mantinham uma guerra de 800 anos com anões de outra região. Devido a seu tamanho, foi obrigado a lutar por um dos lados, e vendo tantas barbaridades, perguntou ao rei, a quem era obrigado a servir, o motivo de luta tão feroz e selvagem.

O rei explicou que o povo dele, ao tomar o café da manhã, cortava os ovos pela parte de cima, a mais pontiaguda, e os inimigos cortavam os ovos pela parte de baixo, a mais arredondada. Gulliver ouviu, pensou, pensou outra vez e perguntou ao rei se não havia uma lei, um decreto, uma legislação que determinasse a questão, estabelecendo de uma vez para sempre a maneira de todos cortarem os ovos.

O rei ficou espantado e respondeu: "Somos civilizados. Evidente que há uma lei que regulamenta o assunto". Gulliver quis saber o que a tal lei dizia e o rei, em tom solene, majestático, informou: "O primeiro artigo de nossa Constituição diz claramente que os ovos devem ser cortados pelo lado certo".

CONY, Carlos Heitor. O lado certo. *Folha de S.Paulo*, São Paulo, 20 set. 2011. Disponível em: <http://tinyurl.com/z22hc6e>. Acesso em: 10 nov. 2016.

> **Belicoso:** alguém de comportamento agressivo, combativo, com tendência para a briga.

Para ler e pensar

Estrela de davi

Era uma menina de 9 anos, filha da doméstica de uma família judia; era na casa deles que ela morava. Pobre, chegada há pouco de outro país, ainda se deslumbrava com algumas coisas que descobria em São Paulo; ela, que viera de uma aldeia medieval sem eira nem beira. Encantavam-na o bonde, o ônibus elétrico, a geladeira, o telefone (sobretudo o telefone) e os talheres de prata à mesa do casal.

Entre tantas coisas que a encantaram, estava um pingente de prata, em forma de estrela de davi, que ornava o pescoço de uma amiga da família, também judia e muito rica, herdeira de uma indústria de conservas alimentícias.

A estrela de davi é um símbolo judaico. Na Antiguidade, os guerreiros judeus utilizavam esse emblema em seus escudos para protegê-los nas batalhas.

Era um pingente grande, bem desenhado, brilhante, cuja geometria fascinou a menina aldeã, que nunca tivera, até então, qualquer tipo de adorno com que se enfeitar.

Então, em uma das visitas da menina rica, sua correntinha arrebentou e a estrela de davi pulou para o tapete e deslizou para um canto. Naquele momento ninguém se deu conta do acidente. Só horas depois, a menina que veio de longe a descobriu debaixo do sofá. Ela sabia de quem era a joia, e sua mãe a ensinara a devolver tudo o que achasse. Mas a beleza e o brilho daquela estrela... Pegou-a, apertou-a nas mãos e foi guardá-la no quarto, sem contar a ninguém.

Já no dia seguinte, a mãe da herdeira das conservas telefonou para onde certamente a filha havia perdido a estrela de prata, perguntando se não a acharam. A senhora dona da casa disse que não tinha encontrado nada, mas que olharia com atenção o chão da sala. Procurou; nada. Pediu para que os outros procurassem; nada. Assim, telefonou à esposa do industrial informando que não, que não fora ali que Evelyn perdera o pingente. Mas a outra insistiu; só poderia ter sido ali, porque a filha chegou lá com a estrela e sem ela saiu.

Então a filha da doméstica, já amedrontada, mas com pavor maior do que aconteceria se descobrissem, contou à mãe que encontrara a estrela sim, no tapete, próximo ao sofá. Mas, como não sabia de quem era e a achara tão bonita, ficou com ela.

A mãe, vermelha de vergonha, foi dizer à patroa que fora sua própria filha quem tinha ficado com a joia.

A garota, que não tinha estrela de davi, não tinha fábrica de conservas, tampouco era judia, teve de devolver o pingente à patroa. Ouviu da mãe um sermão inesquecível, foi para o quarto de castigo e ficou proibida de brincar por uma semana.

Aquele episódio, acontecido há mais de meio século, marcou a menina pela vida afora; assim como durou para sempre seu fascínio pela estrela de davi.

CORREA, Maria Helena. *A estrela de davi*. Arquivo pessoal.

> *Atividades*

Pensando juntos

1 Em duplas, leiam todas as alternativas e assinalem as que completam a frase corretamente.

- Ética é a parte da filosofia que...
  - (   ) trata do certo e do errado, do bem e do mal.
  - (   ) protege a dignidade das pessoas no grupo.
  - (   ) concede privilégios para alguns.
  - (   ) indica um conjunto de princípios e valores.
  - (   ) orienta a capacidade de decidir, avaliar e julgar.

2 Em duplas, releiam o capítulo e completem o conceito de ética no quadro abaixo.

Ética é _____

_____

_____

- Circulem três palavras que vocês consideram verdadeiras em relação à ética.

respeito	valores	raiva
traição	mentiras	justiça

3 Descubram no diagrama abaixo seis palavras que ilustram consequências de um comportamento ético e circule-as.

B	J	S	G	E	N	T	I	L	E	Z	A	K	F	C	U	I	D	A	D	O
S	U	F	J	K	L	J	T	R	N	S	R	P	T	N	F	R	S	C	T	J
F	S	E	N	S	I	B	I	L	I	D	A	D	E	V	N	U	T	L	Z	F
L	T	F	G	R	J	P	J	T	C	O	N	S	I	D	E	R	A	Ç	Ã	O
P	I	L	F	N	T	J	K	S	N	P	G	L	Ç	R	Q	N	B	I	L	V
J	Ç	K	S	P	F	R	T	R	J	A	Q	J	G	S	M	V	T	J	E	R
K	A	L	J	R	T	N	F	V	I	Z	M	S	F	V	L	Q	N	R	T	V

14

Vamos refletir?

4 Leia, reflita e depois responda.

Um taxista levou uma senhora ao aeroporto. Na volta, constatou que havia dado a ela dez reais a menos no troco. Pensou em voltar ao aeroporto, mas a sua passageira, certamente, já havia embarcado no avião.

Ao retornar de sua viagem, dias depois, esta senhora teve uma surpresa: encontrou dez reais em sua caixa de correio e junto um bilhete que dizia: "Prezada senhora! Cometi um engano ao lhe dar o troco da corrida. Por gentileza, queira desculpar-me! Aqui estão os dez reais que lhe dei a menos".

a) Em sua opinião, a atitude do taxista pode ser considerada ética? Explique.

_____
_____

b) Você conhece outra história de comportamento ético ocorrida na vida real? Descreva-a nas linhas abaixo.

_____
_____

Ideias em ação

5 Você e os colegas podem promover uma campanha de ética na escola. Usando as frases abaixo, preparem cartazes para serem expostos. Mãos à obra!

> Não há como ser ético sem respeitar o outro, seu pensamento, sua história, suas posses.
> Gabriel Chalita. Disponível em: <http://tinyurl.com/jdws7dn>. Acesso em: 12 dez. 2016.

> A ética é uma plantinha frágil que deve ser regada diariamente.
> Mario Sergio Cortella. Disponível em: <http://tinyurl.com/zslsyw7>. Acesso em: 12 dez. 2016.

> Procure ser uma pessoa de valor em vez de uma pessoa de sucesso. O sucesso é só consequência.
> Albert Einstein. Disponível em: <http://tinyurl.com/zcsuzch>. Acesso em: 12 dez. 2016.

> Seja você a mudança que deseja ver no mundo.
> Mahatma Gandhi. Disponível em: <http://tinyurl.com/gmsq86t>. Adaptado. Acesso em: 12 dez. 2016.

Capítulo 2
Ética e leis

Quando os homens são éticos, as leis são desnecessárias; quando os homens são corruptos, as leis são inúteis.

KANNINGS, Ann. *Benjamin Disraeli, life and words*. Kindle Edition.

O Código de Hamurabi, criado por volta do século XVIII a.C., é um conjunto de leis escritas proveniente da Mesopotâmia. Um importante princípio desse documento é a lei de talião, que reza "olho por olho, dente por dente".

Qual é a relação entre ética e lei?

Ambas estão relacionadas ao sentimento de justiça social. A justiça social é construída tendo como base a ideia de que todos os seres humanos têm direitos e deveres iguais, sem distinções quaisquer que sejam. Já a ética é a parte da filosofia que avalia se uma lei é ou não é favorável ao bem das pessoas.

Neste capítulo, vamos entender como as leis e as condutas éticas se unem e quais são seus pontos de concordância e de discordância.

Observe a diferença entre lei e ética: a lei é uma norma ou regulamento. Um exemplo é a lei de trânsito. A ética é uma reflexão sobre as razões, as bases ou a finalidade da lei. A ética discute se uma lei é justa ou injusta, se é boa ou má para a convivência e o bem-estar das pessoas.

O objetivo da lei deve ser o bem de todos. Mas nem toda lei é justa. Há leis e regulamentos injustos em todos os lugares, em todos os países, inclusive no Brasil. São leis que não ajudam as pessoas a viver melhor, em paz, felizes. São leis criadas para favorecer apenas uma parte do povo, geralmente a parte mais rica, a mais poderosa.

É aí que entra a conduta ética: as pessoas passam a exigir a mudança das leis que não estão beneficiando a todos. Poucas décadas atrás, por exemplo, havia uma lei que impedia as mulheres de votar. Ainda hoje, os direitos das mulheres não são os mesmos oferecidos aos homens. Elas continuam lutando por igualdade no mundo inteiro.

Têmis, deusa grega da justiça, é costumeiramente representada com uma balança na mão. Ela é a divindade da lei e da ordem, protetora dos oprimidos. Detalhe da ilustração do estadunidense Howard David Johnson, 2012.

Outros significados de ética

O conceito de ética abrange outros significados, como estes a seguir.

1. Conjunto de normas ou leis

A ética também designa um conjunto de normas ou leis. Em geral, todas as profissões possuem um código de ética. Por exemplo, o código de ética dos médicos é formado por várias diretrizes que os médicos devem respeitar no exercício da profissão. Aliás, em geral, os códigos de leis surgiram antes da ética.

2. A conduta das pessoas

Com o tempo, a ética passou a significar também a própria ação das pessoas. Quem costuma ser honesto, por exemplo, pode ser considerado ético. Quando ocorre o contrário, antiético.

3. Sinônimo de moral

Ética é ainda sinônimo de moral. As palavras ética, de origem grega, e moral, de origem latina, significavam também costumes, ou seja, os valores de uma sociedade: coragem, honestidade, justiça, sinceridade, verdade, etc.

Portanto, quando alguém não segue a ética, podemos chamá-lo tanto de antiético como de imoral.

RECCHIA, Tiago. *Gazeta do Povo*, Curitiba, 10 abr. 2012. p. 10.

Para ler e pensar

Os animais e a peste

Em certo ano terrível de **peste** entre os animais, o leão, mais **apreensivo**, consultou um **mono** de barbas brancas.

— Esta peste é um castigo do céu — respondeu o mono —, e o remédio é aplacar a cólera divina sacrificando aos deuses um de nós.

— Qual? — perguntou o leão.

— O mais carregado de crimes.

▶ **Peste:** doença contagiosa.

▶ **Apreensivo:** preocupado.

▶ **Mono:** macaco.

O leão fechou os olhos, concentrou-se e, depois duma pausa, disse aos súditos reunidos em redor:

— Amigos! É fora de dúvida que quem deve se sacrificar sou eu. Cometi grandes crimes, matei centenas de veados, devorei inúmeras ovelhas e até vários pastores. Ofereço-me, pois, para o sacrifício necessário ao bem comum.

A raposa adiantou-se e disse:

— Acho conveniente ouvir a confissão das outras feras. Porque, para mim, nada do que Vossa Majestade alegou constitui crime. Matar veados – desprezíveis criaturas; devorar ovelhas – mesquinhos bichos de nenhuma importância; trucidar pastores – raça vil, merecedora de extermínio! Nada disso é crime. São coisas até que muito honram o nosso virtuosíssimo rei leão.

Grandes aplausos abafaram as últimas palavras da bajuladora – e o leão foi posto de lado como impróprio para o sacrifício.

Apresentou-se em seguida o tigre e repete-se a cena. Acusa-se ele de mil crimes, mas a raposa prova que também o tigre era um anjo de inocência.

E o mesmo aconteceu com todas as outras feras.

Nisto chega a vez do burro. Adianta-se o pobre animal e diz:

— A consciência só me acusa de haver comido uma folha de couve na horta do senhor **vigário**.

Os animais entreolhavam-se. Era muito sério aquilo. A raposa toma a palavra.

— Eis, amigos, o grande criminoso! Tão horrível o que ele nos conta que é inútil prosseguirmos na investigação. A vítima a sacrificar-se aos deuses não pode ser outra, porque não pode haver crime maior do que furtar a **sacratíssima** couve do senhor vigário.

Toda a bicharada concordou e o triste burro foi **unanimemente** eleito para o sacrifício.

[...]

▶ **Vigário:** padre de uma paróquia.

▶ **Sacratíssimo:** aquilo que é muito sagrado.

▶ **Unânime:** aquilo que é aprovado por todos.

LOBATO, Monteiro. *Fábulas*. São Paulo: Globo, 2008. p. 60-61.

> *Atividades*

Pensando juntos

1 Em duplas, consultem o texto para responder.

a) Vocês percebem alguma relação entre ética e lei? Expliquem.

_____

_____

_____

b) Vocês concordam que nem todas as leis são justas? Expliquem.

_____

_____

c) Para uma pessoa ser considerada ética, basta cumprir as leis? Expliquem.

_____

_____

d) Como é considerada uma pessoa que não é ética em suas atitudes?

_____

Vamos refletir?

2 Leia com atenção e classifique cada comportamento, dizendo se é **ético** ou **antiético**.

a) Devolver rapidamente um objeto emprestado é _____.

b) Elogiar atitudes nobres de uma pessoa é _____.

c) O costume de culpar os outros é _____.

d) Comentar os defeitos dos outros é _____.

e) Ajudar um colega em suas dificuldades é _____.

f) Colocar o nome em um trabalho que não ajudou a fazer é _____.

g) Colar ou passar cola na prova é _____.

h) Procurar o dono de um objeto achado é _____.

i) Apoderar-se do que não lhe pertence é _____.

j) Prestigiar uma festa como convidado é _____.

k) Ir a festas sem ser convidado é _____.

l) Mexer nos pertences dos outros sem permissão é _____.

m) Ceder o lugar no ônibus a alguém idoso é _____.

n) Furar fila é _____.

Trocando ideias

3 Converse com o professor e os colegas e depois responda com sinceridade: **sim**, **não**, **nem sempre**. Dialogue também com seus pais ou parentes sobre as perguntas que você não souber responder. Você pode também pesquisar as palavras desconhecidas em um dicionário.

a) Você sabe a diferença entre direito e privilégio?
_____

b) Você sabe enxergar o outro como ser humano, e não apenas como um estranho?
_____

c) Você consegue distinguir o que é urgente do que é importante?
_____

d) Você sabe a diferença entre ser ambicioso e ser ganancioso?
_____

e) Você sabe distinguir entre administrar o tempo e perder tempo?
_____

f) Você sabe a diferença entre erro e negligência?
_____

4 Além dos princípios gerais e das leis que garantem a harmonia social, existem também conjuntos de normas que orientam determinados grupos de profissionais.

a) A esse conjunto de normas dá-se o nome de:
_____

b) Agora, procure no diagrama seis palavras que denominam áreas profissionais que possuem os próprios códigos de ética, circule-as e escreva-as em seguida.

I	J	A	J	J	K	E	D	U	C	A	Ç	Ã	O	X
Ã	O	R	C	O	N	S	U	S	V	E	J	D	W	K
D	V	R	N	R	I	B	Q	C	P	K	A	G	G	B
F	S	Z	N	N	P	A	C	T	K	P	E	X	M	P
O	Ç	C	H	A	L	Y	R	O	I	S	R	Ç	L	M
K	S	T	P	L	G	I	J	Z	I	I	T	B	A	H
Z	S	O	F	I	J	G	Ç	H	H	C	E	U	R	M
M	Z	P	S	S	N	Ã	N	O	E	O	C	M	A	P
L	E	V	V	M	A	C	I	T	Í	L	O	P	Y	E
U	D	D	C	O	L	D	G	W	A	O	R	U	E	S
S	P	W	I	Z	Y	X	Ç	A	I	G	D	Q	E	P
F	C	P	Y	C	B	O	R	F	Y	I	S	P	M	O
U	T	O	N	T	I	T	L	T	E	A	P	J	H	R
J	E	N	P	M	I	N	O	B	N	P	F	N	D	T
B	X	A	L	U	C	V	A	U	A	S	O	M	U	E

_____

_____

Ideias em ação

5 Agora, mãos à obra! Em grupos, façam conforme se pede.

a) Procure conhecer o código de ética da escola, convidando uma pessoa da diretoria para falar sobre isso na sala de aula.

b) Que tal elaborar um Código de Ética do Estudante para sua turma do 7º ano? Ele poderá ajudar a melhorar a convivência de vocês, sabia?

Capítulo 3
Ética e religião

Ética é a maneira correta de proceder diante da sociedade, sem ocasionar dano, justo ou injusto, de qualquer natureza, a outrem.

BARTH, Nelson. In: CABADA, Gerardo. *3001 pensamentos*. São Paulo: Edições Loyola, 2001. p. 30.

Ética e religião têm muitas coisas em comum. Ambas tratam da vida em sociedade, dos mandamentos, dos valores e das leis.

No entanto, podem ser consideradas independentes uma da outra. Ou seja, uma pessoa pode ser ética e não ter uma religião específica; e, no outro extremo, é possível encontrar uma pessoa que tenha uma religião, mas não tenha uma conduta ética.

Há ainda outra diferença: em geral, as leis religiosas são consideradas sagradas, frutos da vontade de Deus ou de deuses.

As regras éticas, por sua vez, são estabelecidas pelos seres humanos como resultado de vivências e estudos sobre as formas de alcançar o bem-estar coletivo.

Neste capítulo, você vai conhecer as relações entre ética e religião e seus pontos de convergência e divergência.

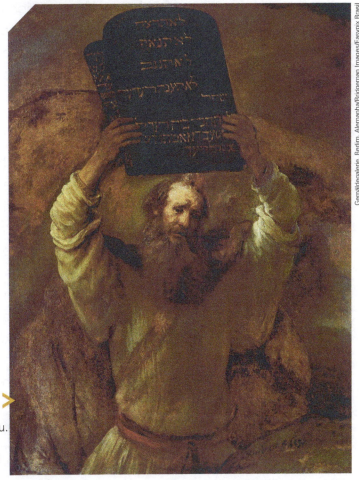

Segundo a Bíblia, as tábuas de pedra com os Dez Mandamentos eram destinadas a estabelecer os deveres morais do povo hebreu. *Moisés quebrando as tábuas da lei*, 1659, do pintor holandês Rembrandt Harmenszoon van Rijn. (Óleo sobre tela, 168,5 cm × 136,5 cm.)

Devi Mahatmya é um manuscrito religioso hindu que apresenta histórias sobre a luta do bem contra o mal. Estima-se que o documento tenha sido criado entre os séculos IV e VI d.C.

O judaísmo e o hinduísmo, religiões antigas, já pregavam, há milhares de anos, normas comportamentais a seus seguidores. O judaísmo instituiu os Dez Mandamentos, que foram assumidos pelo cristianismo.

Pelo fato de as normas religiosas serem consideradas sagradas, quer dizer, partirem da vontade de Deus ou dos deuses, as pessoas dificilmente ousam questioná-las. Já as normas éticas, criadas pelos seres humanos, são mais facilmente debatidas.

Em geral, as religiões ensinam valores que são princípios fundamentais da maioria das sociedades: não matar, não roubar, não levantar falsos testemunhos, honrar pai e mãe, praticar a justiça, amar o próximo como a si mesmo, e assim por diante. Alguns desses princípios estão também na base das Constituições de grande parte dos países atuais.

Além disso, Deus é considerado onisciente, aquele que sabe tudo, até os nossos mais íntimos pensamentos e intenções. Na sociedade é diferente: alguém pode cometer um crime e ninguém ficar sabendo.

A ética religiosa tem também relação com a vida futura. Muitas religiões prometem felicidade ou infelicidade dependendo do mal ou do bem praticados na vida terrena; outras, ensinam que as pessoas morrem e renascem em outros seres (humanos ou não) até repararem todo o mal que cometeram.

Nem todas as normas, contudo, provêm de Deus, muitas são criadas pelas autoridades religiosas e sofrem adaptações ao longo do tempo.

As religiões costumam ajudar a promover a justiça e o amor na sociedade. Religiões como o budismo, o judaísmo, o cristianismo e o islamismo mudaram a ética da humanidade. Elas trouxeram a ética do amor ao próximo, o perdão das ofensas e a fraternidade universal.

Para ler e pensar

O velho samurai

Perto de Tóquio, vivia um grande samurai já idoso que se dedicava a ensinar o modo de vida zen aos jovens. Apesar de sua idade, corria a lenda de que ele ainda seria capaz de derrotar qualquer adversário. Certa vez, um grande guerreiro conhecido por sua total falta de escrúpulos resolveu desafiá-lo.

O mestre entendeu que aquela era uma boa oportunidade para deixar uma lição para seus jovens alunos.

Os adversários se colocaram frente a frente e o guerreiro chutou algumas pedras em direção ao samurai, cuspiu em seu rosto e gritou diversos insultos, fazendo de tudo para provocá-lo. O velho samurai ficou impassível.

No final da tarde, já exausto e cansado, o guerreiro provocador foi embora muito desapontado. Assim também estavam os alunos do mestre e perguntaram como o grande samurai podia suportar tudo aquilo.

> **Samurai:** classe de guerreiros do Japão que existiu do século VIII até o século XIX. É famoso seu código de honra e de conduta, que prevê justiça, perfeição e lealdade.

> **Vida zen:** prática de meditação, orientações para alimentação e artes marciais, resultando em benefícios ao corpo e tranquilidade à mente.

— Se alguém chega até você com algum presente e você não aceita esse presente, a quem pertence esse presente?

Os jovens, pasmos com a situação, responderam: "A quem trouxe o presente".

— Quando alguém lhe traz raiva, agressão, insultos, pensamentos negativos e inveja, se você não aceitar, isso continua a pertencer a quem os carrega consigo.

Não aceite os presentes que são negativos, aceite apenas os presentes que vão agregar algo em sua vida.

BURLAMAQUI, Louis. *A arte de fazer escolhas*. São Paulo: Aleph, 2014.

Segundo seu código de conduta, o samurai deveria ter compaixão do inimigo derrotado e sempre agir com justiça. Guerreiro samurai japonês em vestes tradicionais. Foto colorizada de 1867.

> *Atividades*

Vamos refletir?

1 Uma das grandes metas da humanidade é ser feliz.

a) De que forma as leis e a ética ajudam você e sua família a viverem melhor?

_____

_____

_____

b) Como você imagina que seria o mundo se não existissem leis nem ética?

_____

_____

_____

2 Neste diagrama há três frases explicativas sobre os objetivos da ética. Para descobri-las, siga as orientações abaixo.

1ª frase: Escreva, na sequência, só as letras marcadas com um ponto.

_____

_____

_____

2ª frase: Copie somente as letras que estão em negrito.

_____

_____

_____

3ª frase: Junte as letras restantes, sem nenhuma marcação.

_____

_____

_____

A.	**A**	A	S.	**F**	R	L.	I	E	E.	**N**
L	I.	**A**	I	S.	**L**	G	T.	I	I	Ê.
D	Ã	M.	**A**	O	C.	**D**	C	O.	**E**	O
M.	**D**	N	O.	**A**	D	O.	**É**	U	B.	**T**
Z	J.	**I**	À	E.	**C**	P	T.	**A**	R	I.
É	Á	V.	**O**	T	O.	**B**	I	O.	**E**	C
B.	**M**	A	E.	**E**	D	M.	**A**	O	D.	**B**
B	E.	**U**	E	T.	**S**	M	O.	**C**	T	D.
A	E	O.	**S**	N	S.	**I**	D	P.	**N**	O
A.	**C**	E	R.	**E**	M	A.	**R**	V	G.	**A**
I	E.	**P**	S	R.	**E**	T	A.	**L**	A	R.
A	A	F.	**F**	F	E.	**E**	E	L.	**L**	L
I.	**I**	I	C.	**C**	C	I.	**I**	I	D.	**D**
D	A.	**A**	A	D.	**D**	D	E.	**E**	E	

26

Trocando ideias

3 Leia e observe a tirinha a seguir. Comente com o professor e os colegas. Depois siga as instruções.

QUINO, Joaquín S. L. *Mafalda 4*. São Paulo: Martins Fontes, 2010. p. 87.

- Desembaralhe as letras e complete.

   a) Conjunto de princípios e valores de conduta: _____. (TIACÉ)

   b) É impossível ser ético se não houver: _____. (RPSEIETO)

   c) Objetivo e busca de todos nós: _____. (DEDAFILECI)

   d) Considerado a chave da felicidade: _____. (MARO)

4 Leia as frases e discuta-as com o professor e os colegas. Depois responda se você concorda ou não com as afirmativas e explique por quê.

a) O amor é a chave da felicidade e a força que movimenta a ética. Concorda?
_____
_____

b) Não se pode perder a capacidade de indignação diante do desrespeito ao ser humano. Concorda?
_____
_____

c) Cada pessoa que se torna melhor repercute nos bilhões que vivem no planeta. Por isso, quem melhora a si mesmo, ajuda a melhorar o mundo. Concorda?
_____
_____

d) Com a religião surgiu a ética do amor ao próximo, do perdão e da fraternidade universal. Concorda? Explique.

Ideias em ação

5 Em grupos, entrevistem um profissional de um ramo qualquer de atividade para conhecer seu código de ética. Depois partilhem os resultados oralmente com os colegas da sala.

Momento de oração

6 Em um local silencioso, faça a oração abaixo.

Senhor Deus!
Inspira-me sempre:
como devo pensar,
o que devo dizer,
o que devo calar
e como devo agir. Amém!

Saiba mais

Ética e convivência: palestra *on-line*.

O filósofo e professor Mario Sergio Cortella, utilizando-se de exemplos de atividades cotidianas, apresenta as diversas consequências éticas da convivência entre as pessoas. Doutor em educação, Cortella notabilizou-se por relacionar a filosofia às questões sociais diversas da sociedade contemporânea. Disponível em: <http://tinyurl.com/zmed3cl>. Acesso em: 23 nov. 2016.

Mario Sergio Cortella.

Religiões e livros sagrados

Bíblia, livro inspirado por Deus

De acordo com várias religiões, Deus é o autor da Bíblia. Mas como ele a escreveu? Ele não a escreveu pessoalmente. A autoria divina da Bíblia ocorreu pela inspiração.

Isso significa que a Bíblia é o resultado da revelação de Deus ao povo, que se iniciou com Abraão e sua mulher Sara. Esse povo surgiu e se desenvolveu comunicando-se com Deus, fazendo alianças com ele, cumprindo seus mandamentos e também desrespeitando-os. Era um povo fortemente marcado pela influência divina.

Dessa maneira se formou uma tradição religiosa, transmitida oralmente de geração em geração. Depois, esse rico conhecimento passou a ser escrito por pessoas. Sob inspiração de Deus, esse povo começou a registrar as experiências que eram vivenciadas desde seus antepassados.

Bíblia exposta em uma tribuna na capela da Universidade Balliol, em Oxford, Inglaterra. Foto de 2016.

A criação da Bíblia se deu, basicamente, conforme as descrições abaixo.

> Pessoas que estavam comprometidas com a comunidade foram escolhidas por Deus para redigir os textos que mais tarde vieram a formar a Bíblia.

> Cada autor bíblico utilizou uma maneira própria de escrever, com base na cultura e na experiência religiosa de seu tempo. Daí se entende por que os livros bíblicos são tão diferentes entre si, apesar de todos terem sido escritos sob a inspiração de Deus.

> Não é recomendável procurar descrições científicas na Bíblia, pois na época em que os livros foram escritos não havia ciência como a entendemos hoje.

> Os autores bíblicos não foram meros **escribas** de Deus; colaboraram efetivamente com ele, por meio de sua experiência, sua cultura, seu estilo e sua vontade de prestar um serviço a Deus e à comunidade. Por isso, podemos dizer que a Bíblia é "divinamente inspirada e plenamente humana".

> **Escriba:** pessoa encarregada de escrever um texto ditado ou copiar um texto já pronto.

ALEXANDER, David; ALEXANDER, Pat. *O mundo da Bíblia*. São Paulo: Paulinas, 1986. p. 35.

A Bíblia surgiu, pois, da iniciativa de Deus de se comunicar com seus filhos e da vontade e do esforço do povo em registrar por escrito suas experiências. Ela é produto do amor de Deus e do amor humano.

Antes da invenção da imprensa, todos os livros e documentos eram copiados à mão por pessoas chamadas de copistas.

A palavra do amor

A maior parte dos autores bíblicos não tinha consciência de estar falando ou escrevendo a Palavra de Deus. Estavam só querendo prestar um serviço aos irmãos em nome de Deus. Eles eram pessoas que faziam parte de uma comunidade, de um povo em formação, onde a fé em Deus e a prática da justiça eram ou deviam ser o eixo da vida.

MESTERS, Carlos. *Bíblia, livro feito em mutirão*. São Paulo: Paulus, 1985. p. 7.

Atividades

1 Circule uma letra sim e outra não, a começar pela primeira, e descubra duas preciosas informações sobre a Bíblia.

A	S	B	U	Í	A	B	M	L	E	I	N	A	S	É	A	C	G
O	E	M	M	O	É	U	T	M	Ã	A	O	C	V	A	Á	R	L
T	I	A	D	D	A	E	H	D	O	E	J	U	E	S	C	D	O
I	M	R	O	I	O	G	F	I	O	D	I	A	A	À	N	H	T
U	I	M	G	A	A	N	M	I	E	D	N	A	T	D	E	E	*

a) O que informam as letras circuladas?

_____

b) O que dizem as letras não circuladas?

_____

2 Leia com atenção e risque as duas frases que **não** combinam com o restante das sentenças. Depois releia as que sobraram.

- A Bíblia é...

  a) uma coleção de livros em um único volume.

  b) Deus falando aos leitores.

  c) inspirada por Deus, mas escrita por seres humanos.

  d) como uma bússola e indica o caminho para aqueles que desejam segui-la.

  e) pouco lida por ser difícil de entender.

  f) dirigida a todas as pessoas de todos os tempos.

  g) ao mesmo tempo muito antiga e bem atual.

  h) tão divina quanto humana.

  i) tão arcaica que não serve para o nosso tempo.

3 Explique a afirmação abaixo.

> "A Bíblia é divinamente inspirada e plenamente humana."

_____

_____

4 Faça o que se pede.

a) Os objetivos dos mandamentos da Bíblia são os mesmos da ética: boa convivência e amor ao próximo. Dê sua opinião sobre essa afirmativa.

_____

_____

b) Converse com membros de sua família (pais, tios, avós) e relate as experiências que tiveram com a leitura da Bíblia ou de outro livro que considerem sagrado.

_____

_____

UNIDADE 2

Quanto você vale?

4 Os valores
5 Os tipos de valor
6 A ordem de importância dos valores

Interior do luxuoso *shopping* Evropeisky ("europeu", em russo), em Moscou, Rússia. Foto de 2016.

A solidariedade é um dos valores humanos mais importantes.

1. Você sabe o que são valores humanos e valores materiais? Cite alguns exemplos.
2. Em sua opinião, como é definido o valor de uma pessoa? E você, como gostaria de ser valorizado?

Capítulo 4
Os valores

As coisas apenas valem pela importância que lhes damos.

GIDE, André. In: SILVA, Paulo Neves da. **Vencer: citações e pensamentos dos grandes vencedores**. Alfragide: Casa das Letras, 2016.

A corrupção se instala entre pessoas ou em ambientes nos quais não existem o menor interesse pelo bem comum nem o compromisso com este.

O que são valores? Um valor, de forma simplificada, é o critério que usamos para valorizar uma coisa e desvalorizar outra. Esse critério é a base e ao mesmo tempo a justificativa de nossas ações. Os valores humanos são construídos socialmente e levam em conta a tradição, a cultura, a educação e o cotidiano de cada povo. Por isso, podem mudar com o tempo, de acordo com as transformações sofridas pelas sociedades.

Nas próximas páginas, vamos estudar o conceito de valor, o seu significado e um pouco dos impactos dos valores na vida das pessoas.

Para viver, o ser humano depende da ajuda de outras pessoas. Precisa de carinho, amizade, alimentos, moradia, cuidados médicos, cultura, lazer, etc. À medida que crescemos, aprendemos (com a escola, a família, os amigos, entre outros) o que é mais importante e o que é menos importante para viver, bem como o que é certo e o que é errado. Ou seja, escolhemos o que em nossa vida tem mais valor e o que tem menos valor.

Valor é uma qualidade, uma importância, que atribuímos a pessoas, coisas ou situações. Os valores que estabelecemos demonstram em que acreditamos e como vamos agir no mundo. Por exemplo, se você acredita que é muito importante ser honesto, isso é um valor para você. Logo, não vai pegar nada de ninguém sem permissão.

O mais importante, no entanto, é se nosso conjunto de valores contribui ou não para criar a vida que queremos para nós.

WATTERSON, Bill. *Calvin e Haroldo:* e foi assim que tudo começou. São Paulo: Conrad, 2007. p. 74.

Valores universais e valores particulares

Cada sociedade tem seus valores, que mudam de acordo com o tempo e a dinâmica do seu povo. No entanto, alguns valores são importantes ou necessários para todas as pessoas. São os chamados **valores universais**.

Em 1948 foi criado um documento contendo os valores humanos a que todos os países ligados à **Organização das Nações Unidas (ONU)** deveriam obedecer. Esse documento é a Declaração Universal dos Direitos Humanos, considerada um norteador dos valores universais.

Outros valores são restritos a um povo ou a uma faixa de idade. São os **valores particulares**. Esquiar, por exemplo, é um entretenimento muito valorizado pelo povo suíço, que vive em uma região montanhosa e gelada. Mas dificilmente terá a

▶**Organização das Nações Unidas (ONU):** instituição que agrega quase 200 países do mundo (dado de 2016), criada para promover a paz e a cooperação mundial.

mesma importância para um povo que mora nos trópicos. Da mesma forma, um celular mais novo ou o *videogame* do momento, por exemplo, podem ter bastante valor para uma criança ou para um jovem, mas talvez não seja significativo para um idoso.

Mundo mudo

O velho
que bateu à minha porta
não queria pão,
nem roupa.
Nem dinheiro queria!

Ele queria papo,
queria conversar.
Ah! O mundo é mudo...

RAMOS, Mila. *Em surdina*. Joinville: Ipê, 1989. p. 57.

Qual é o seu valor?

No atual estágio da história da humanidade, vivemos em uma sociedade de consumo que muitas vezes nos leva a supervalorizar os bens materiais em detrimento de nosso valor como pessoas inteligentes, livres, responsáveis e capazes de amar.

ITURRUSGARAI, Adão. *La Vie em Rose*. Disponível em: <www1.folha.uol.com.br/fsp/quadrin/f31610200405.htm>. Acesso em: 22 maio 2017.

Por dez mil rublos

Em certa ocasião, um jovem se queixava de Deus nos seguintes termos:

— O bom Deus dá riquezas aos outros, mas a mim nada me dá. Como começar a vida sem nada?

Um ancião que o ouvira queixar-se lhe diz:

— Serás tão pobre quanto acreditas? Não te deu Deus juventude e saúde?

— Não digo que não e até posso me orgulhar da minha força e da minha juventude!

O ancião lhe toma então a mão direita e diz:

— Deixarias que a cortassem por mil **rublos**?

— Certamente que não!

— E a esquerda?

— De modo algum.

— E consentirias, por dez mil rublos, em perder a visão?

— Que Deus me proteja! Eu não daria um único olho por nenhuma fortuna!

— De que te queixas, então? — disse o ancião. — Não vês que Deus te deu uma imensa fortuna? Vai e, doravante, sê mais grato.

TOLSTOI. In: VERNETTE, Jean. Parábolas para os nossos dias.
São Paulo: Loyola, 1993. p. 158.

▶ **Rublo:** moeda da Rússia.

Para ler e pensar

A mãe dos Gracos

Cornélia Graco, que viveu na Roma antiga, era uma mãe exemplar.

Certa vez, ela recebeu a visita de uma dama que ficou horas falando das próprias vestes finas e joias raras. Por fim, perguntou a Cornélia:

— Deves ter joias também, não? Vai buscá-las para que eu possa compará-las com as minhas.

Cornélia chamou seus dois filhos e disse:

— Eis as minhas duas joias de que posso orgulhar-me.

Os dois filhos de Cornélia ficaram conhecidos na história como "os irmãos Gracos", políticos famosos pelas reformas que promoveram em favor do povo. O pai dos Gracos também foi considerado um político justo e honrado.

Enquanto a visitante expõe orgulhosamente suas joias, Cornélia apresenta seus dois filhos como suas verdadeiras joias. *Cornélia, mãe dos Gracos*, pintura do alemão Philipp Friedrich Hetsch, 1794. (Óleo sobre tela, 112 cm × 136 cm.)

Texto elaborado com base em: PLUTARCO. Os Gracos: biografia de Tibério Graco e Caio Graco.
Disponível em: <http://tinyurl.com/gqflp2u>. Acesso em: 16 dez. 2016.

> Atividades

Vamos refletir?

1 Para viver, precisamos de muitas coisas e da ajuda das pessoas. Localize no diagrama dez das muitas coisas de que necessitamos para viver e as escreva abaixo.

N	E	C	E	S	S	I	T	A	M	O	S	*	D	E	*	A	M	O	R
P	A	A	Y	R	K	V	F	M	S	T	R	C	S	D	F	G	X	N	V
R	F	R	K	H	Y	A	L	I	M	E	N	T	O	S	T	Y	T	R	I
Q	Z	I	T	R	Z	A	S	Z	F	G	A	A	S	A	F	G	S	N	D
E	F	N	S	E	D	F	G	A	L	U	P	Q	R	Ú	T	O	H	R	S
S	T	H	D	S	Q	R	S	D	D	V	X	Z	Y	D	R	O	U	P	W
S	R	O	U	P	A	S	F	E	X	N	A	R	F	E	S	T	A	S	B
L	N	A	S	O	F	G	H	J	X	Z	V	H	B	A	S	R	D	X	H
Z	L	M	J	R	O	D	N	A	N	F	M	O	R	A	D	I	A	K	L
T	C	U	L	T	U	R	A	B	G	H	H	T	X	E	L	F	T	U	H
N	D	F	L	E	K	X	N	L	F	P	O	N	R	A	F	H	N	R	E

_____

_____

Pensando juntos

2 Um desafio para vocês: escrevam o maior número possível de valores que iniciem com as letras da mesma palavra (VALORES), já escrita na vertical.

V_____

A_____

L_____

O_____

R_____

E_____

S_____

3 Na opinião de vocês, quais são os valores mais importantes nas relações entre...

a) pais e filhos?

_____

b) professor e aluno?

_____

c) vizinhos?

_____

d) amigos?

_____

Trocando ideias

4 Pense nos valores citados abaixo e dê um exemplo de situação em que eles estejam presentes na prática.

a) Solidariedade: _____

_____

b) Amor: _____

_____

c) Amizade: _____

_____

d) Honestidade: _____

_____

Ideias em ação

5 Escolha uma das frases abaixo e faça um cartaz com um colega. Use gravuras ou fotos para deixá-lo mais bonito.

Você não é coisa, você é gente!	Você não tem preço!
Você nasceu para ser feliz.	Você é único e inestimável!

6 Em grupos, preparem uma encenação teatral do texto *A mãe dos Gracos*.

Capítulo 5
Os tipos de valor

Acumulo num quarto mil objetos que jamais me servirão e me aborrecem desde que passam a ser meus. No entanto, todo dia aumento-lhes o número.

SAINT-EXUPÉRY, Antoine de. **Cartas do Pequeno Príncipe**.
Belo Horizonte: Itatiaia, 1966.

A amizade, que também pode ser compreendida como amor desinteressado pelo outro, é considerada uma experiência tão vigorosa que contribui para amparar e resgatar o ser humano em seus momentos de angústia.

Você já deve ter ouvido ou mesmo afirmado frases assim: não há nada mais importante do que a amizade; eu faço questão de ter conforto; para mim, a saúde vem em primeiro lugar; etc. Essas são afirmações de avaliação, de julgamento.

Quando avaliamos as coisas ou situações da vida, estamos colocando-as em uma espécie de hierarquia, isto é, em uma escala de valores.

Nas próximas páginas, vamos conhecer os grupos de valores e suas características, e você poderá construir sua própria hierarquia de valores.

Para viver conforme nossas crenças e com a qualidade de vida que **almejamos**, precisamos analisar as situações da vida e fazer escolhas.

> **Almejar:** querer para si ou para outra pessoa; desejar.

Analisar e escolher são formas de estabelecer valores. Para compreender melhor os valores, podemos dividi-los nos grupos abaixo.

> Valores materiais.
> Valores artísticos (ou estéticos).
> Valores morais.
> Valores religiosos.

Valores materiais

Os valores materiais são aqueles úteis e necessários à nossa sobrevivência na Terra, como alimento, água, abrigo (casa), calçados, etc. Para adquiri-los, é necessário pagar. Paga-se também para ver filmes, divertir-se com jogos, participar de festas, viajar, etc.

Alguns valores materiais são indispensáveis. Os alimentos são um exemplo. Outros valores são dispensáveis; um *videogame*, por exemplo. Há ainda valores supérfluos, desnecessários; por exemplo, um modelo de celular muito caro com as mesmas funções de um aparelho mais barato.

O dinheiro pode comprar uma casa, mas não um lar.
O dinheiro pode comprar um relógio, mas não o tempo.
O dinheiro pode comprar uma cama, mas não o sono.
O dinheiro pode comprar um livro, mas não o conhecimento. [...]

Ditado chinês. In: NETO J. R. *Dor e alegria*. Joinville: Clube de Autores, 2013. p. 44.

ITURRUSGARAI, Adão. *Valores*. Disponível em: <http://adao.blog.uol.com.br/arch2012-03-01_2012-03-31.html>. Acesso em: 22 maio 2017.

Valores artísticos (ou estéticos)

São considerados valores artísticos (também chamados de valores estéticos) aqueles oferecidos pelas diversas artes, como a beleza, a harmonia, a elegância, a **simetria**, a intensidade de movimento (na dança), etc.

Cada uma das artes (a literatura, a música, o teatro, a pintura, a escultura, a arquitetura, a dança, etc.) proporciona educação, entretenimento, alegria e estímulo à sensibilidade e à percepção do ser humano.

Os valores estéticos variam de acordo com a geração e com a sociedade.

Mas de que forma podemos considerar um livro, uma pintura, uma escultura como obras de arte, isto é, obras com valor artístico? O valor artístico de uma obra é atribuído geralmente por profissionais da área e por estudiosos do assunto, como críticos de arte, **marchands** e historiadores. Muitas vezes o valor de venda de uma obra não corresponde ao seu valor artístico, ou seja, nem sempre uma obra cara necessariamente é uma obra de grande valor artístico.

▶ **Simetria:** conjunto com proporções equilibradas.

▶ **Marchand:** palavra francesa para nomear o profissional que negocia obras de arte.

Valores morais

Os valores morais são os que norteiam as relações das pessoas em sociedade. São exemplos de valores morais: a humildade, a justiça, a bondade, a verdade, a honra, a honestidade, a dignidade, a coragem, a amizade, o respeito, a confiança, a liberdade, a responsabilidade, entre outros.

Presentes em todo tipo de convivência humana, os valores morais ditam o comportamento dos membros de cada sociedade.

São os nossos valores morais que vão nos dizer, por exemplo, se seremos honestos ou corruptos, medrosos ou corajosos e se vamos criticar uma causa ou apoiá-la.

Diante da arte, como uma peça de teatro, somos transportados a um universo que nos faz perceber o mundo com outros olhos.

WATTERSON, Bill. *Calvin e Haroldo:* e foi assim que tudo começou. São Paulo: Conrad, 2007. p. 74.

Valores religiosos

Os valores religiosos são os princípios que cada religião transmite a seus seguidores. Eles constituem a base da relação estabelecida entre nós (seres humanos) e o que consideramos sagrado: uma divindade, um ser supremo (muitas vezes chamado de Deus).

Nas religiões ocidentais é comum a crença na existência de Deus, um ser divino caracterizado por perfeição, onipotência (todo-poderoso), onisciência (que sabe de tudo) e onipresença (que está em todos os lugares ao mesmo tempo).

Alguns exemplos de valores religiosos são: caridade, fé, paz, misericórdia, pureza, oração, **devoção**, esperança.

> **Devoção:** apego sincero a Deus ou aos santos, manifestado por meio de práticas regulares e privadas.

Para ler e pensar

O anel

Um aluno, preocupado por ser pouco estimado pelas outras pessoas, procurou um professor em quem confiava.

— Como vai? — perguntou-lhe o mestre.

— Mal, professor. Sinto-me inútil. Dizem que não sirvo para nada, que sou lerdo e idiota. O que posso fazer para que passem a me valorizar?

O professor, sem olhá-lo, respondeu:

— Lamento, meu jovem, mas agora não posso ajudá-lo, devo primeiro resolver o meu problema.

E, depois de uma pausa, acrescentou:

— Se você me ajudar, resolverei meu problema mais depressa.

— Claro, professor — exclamou, sentindo-se outra vez desvalorizado, pois o mestre tinha algo mais importante para fazer antes de aconselhá-lo.

O professor pegou um anel e disse:

— Vá até o mercado. Tente vender este anel, porque tenho de pagar uma dívida. Você precisa obter por ele o máximo possível. Não aceite menos que uma moeda de ouro.

O moço pegou o anel e partiu. No mercado, passou a oferecê-lo aos comerciantes. Eles o examinavam com algum interesse, mas, quando o jovem dizia quanto queria pelo anel, afastavam-se rindo. Alguns chegaram a oferecer uma moeda de prata e uma xícara de cobre, mas ele não podia aceitar menos que uma moeda de ouro e recusou as ofertas. Desanimado, voltou:

— Professor, sinto muito, mas é impossível conseguir o que me pediu. Talvez pudesse trazer duas ou três moedas de prata, mas não uma moeda de ouro.

— Então, devemos primeiro saber o valor do anel. Vá até o joalheiro mais próximo. Quem melhor para saber o valor exato? Mas não o venda, seja qual for a avaliação do joalheiro.

O moço foi ao joalheiro, que examinou o anel com uma lupa, pesou-o e em seguida falou:

— Diga a seu professor que, no momento, não dou mais que 58 moedas de ouro por ele.

— 58 moedas de ouro! — exclamou o jovem.

— Sim — replicou o joalheiro —, eu sei que mais tarde eu poderia oferecer cerca de 70 moedas, mas se a venda é urgente...

Ele correu emocionado à casa do professor, que, depois de ouvir tudo, disse-lhe:

— Você é como este anel: uma joia valiosa e única. Só pode ser avaliado por um especialista . Você pensou que qualquer um poderia descobrir o seu verdadeiro valor?

E dizendo isso, voltou a colocar o anel no dedo.

Todos nós somos como essa joia. Somos valiosos e únicos, e andamos por todos os mercados da vida, pretendendo que pessoas inexperientes nos valorizem.

Texto elaborado com base em: MARQUES, Wagner Luiz. *Coletânea de histórias*. Cianorte: Clube de Autores, 2013.

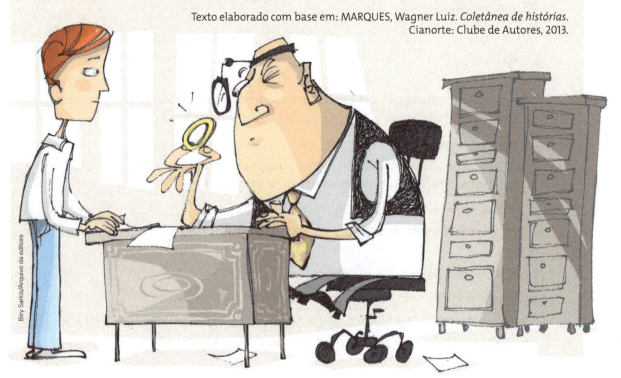

> *Atividades*

Pensando juntos

1 Como você viu, há vários tipos de valor. Você consegue reconhecê-los? Com um colega, organize os valores a seguir na tabela abaixo.

honra	humildade	amizade	casa
caridade	Deus	devoção	respeito
tablet	dinheiro	leveza	fé
simetria	elegância	esperança	beleza
alimento	carro	colorido	confiança
oração	dignidade	harmonia	roupa

Valores			
Materiais	Artísticos	Morais	Religiosos

2 Leia as diversas atividades descritas abaixo e assinale aquelas em que se cultivam principalmente os valores artísticos.

( ) Participar de um churrasco com os amigos.
( ) Apreciar uma bela música.
( ) Praticar esportes.
( ) Ler poemas.
( ) Visitar uma exposição de obras de arte.
( ) Assistir a um jogo de futebol.
( ) Participar de um festival de música.
( ) Lavar a louça.
( ) Pintar quadros.

Pintar estimula o senso estético.

Vamos refletir?

3 Pense nos valores religiosos e complete o diagrama seguindo as orientações.

a) Parte da Bíblia que descreve a vida e a mensagem de Jesus.
b) Prática de pensar com grande concentração mental.
c) Mesa de celebrações existente em locais de cultos.
d) Mensageiros entre Deus e os seres humanos.
e) Viagem feita a um lugar sagrado.
f) Local de reunião de fiéis para celebrar seu culto.
g) Acontecimento comemorado na Páscoa pelos cristãos.
h) Símbolo do cristianismo.
i) Confiança de que o desejo será realizado.
j) O que é invisível e imortal nos seres humanos; o mesmo que espírito.
k) Ato de ajudar os outros em suas necessidades.
l) Conjunto de crenças e práticas que ligam o ser humano ao divino.
m) Livro sagrado dos cristãos.
n) Qualidade de quem é bom.
o) Celebração religiosa de algumas igrejas, como a católica, a ortodoxa e a anglicana.
p) Uma das formas de "conversar" com Deus.
q) O criador do Universo.

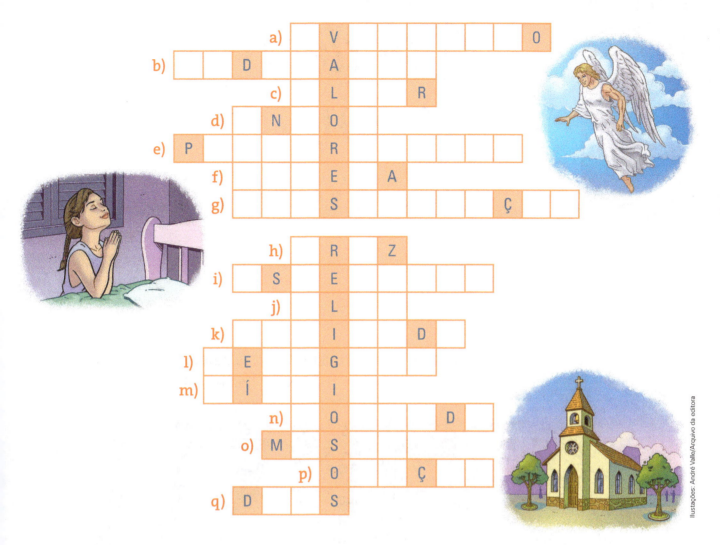

Trocando ideias

❹ Pense, responda e converse sobre os temas com o professor e os colegas.

a) Em sua opinião, quais são os valores morais que mais faltam no mundo?
_____

b) Os valores religiosos são importantes para as pessoas? Por quê?
_____
_____

c) Como os valores morais e religiosos poderiam ser reforçados na escola? E na família?
_____
_____

Capítulo 6
A ordem de importância dos valores

Não tente ser bem-sucedido, tente antes ser um homem de valor.

EINSTEIN, Albert. In: PEDROSA, José. **Pensamentos edificantes**. Natal: Clube de Autores, 2015. p. 32.

Quando vamos tomar alguma decisão, utilizamos uma espécie de ordem de importância de valores. Nessa hierarquia, vamos considerar qual valor, para nós, é mais significativo do que outro. Essa hierarquização é pessoal e também social.

Nas páginas seguintes, vamos discutir um pouco o conceito de consciência moral e a ordem de importância dos valores para o ser humano.

A conhecida frase "Ser ou não ser, eis a questão", do poeta e dramaturgo inglês William Shakespeare (1564-1616), representa uma dúvida, ou um dilema, em que está em jogo a existência (ser) de uma pessoa ou de um povo.

CIÇA. *Pagando o pato*. Porto Alegre: L&PM, 2006.

O pato retratado na tirinha acima "atualiza" a citação de Shakespeare, pois hoje, para muitas pessoas, a preocupação maior é **ter** (ter mais, possuir mais coisas), e não mais **ser** (cultivar e praticar os valores humanos).

Os valores materiais são importantes (alguns são fundamentais para a nossa sobrevivência), mas não levam o ser humano ao estado de plenitude. O ser humano não se satisfaz apenas com os valores materiais. Precisa também de prazeres artísticos, por exemplo, que são mais profundos e duradouros.

▸**Estado de plenitude:** estado de totalidade, de completude; estado pleno.

Mas quais valores são mais importantes? Será que alguém que costuma ser invejoso, mentiroso, desonesto, ladrão e injusto tem paz interior, mesmo que usufrua dos valores materiais e artísticos?

Além disso, seria impossível a convivência em um ambiente sem qualquer valor moral, ou seja, onde não existissem justiça, responsabilidade, bondade, honestidade e respeito, por exemplo. Você já imaginou o grande sofrimento que seria viver em um grupo ou em uma sociedade em que todos mentissem, roubassem e desrespeitassem uns aos outros?

Para as pessoas que têm fé, os valores religiosos são o fundamento de todos os outros valores. Para elas, Deus é a fonte e o modelo de tudo o que é bom, verdadeiro e justo. A inveja está solta por aí, mas é cada vez menos aceita e não é difícil entender por que num mundo onde "ter" é "ser", a sua presença lembra-nos do que nós não temos, e não ter dói.

Texto elaborado com base em: MAUTNER, Anna Veronica. Novas leis e pecados renovados. *Folha de S.Paulo*, São Paulo, 29 set. 2005. Disponível em: <http://tinyurl.com/jad5zx6>. Acesso em: 28 nov. 2016.

BECK, Alexandre. *Armandinho*: três. Florianópolis: A. C. Beck, 2014. p. 55.

A consciência moral

Marcos estava dormindo na casa de Augusto, seu amigo, que o convidou para participar de uma festa de aniversário de outro colega. Mas Marcos sabe que precisa da autorização dos pais para sair à noite. Por isso, está em uma situação difícil: se pedir autorização, talvez seus pais não o deixem ir; se for sem permissão, ficará com a consciência pesada por ter feito algo errado.

Esse sentimento que nos faz perceber e compreender o que é certo ou errado, que nos mostra o que é permitido e o que é proibido, chama-se consciência moral. Portanto, consciência moral é nossa capacidade de julgar e distinguir entre o certo e o errado.

Vou ou não vou à festa SEM AUTORIZAÇÃO DOS MEUS PAIS?

Formação da consciência moral

A consciência moral é formada de acordo com a vivência das regras morais da sociedade ou de um grupo específico, como a família. Ninguém nasce com essa consciência. Ela é adquirida no decorrer dos anos. Desde bem pequenas, as crianças começam a aprender o que é certo e o que é errado, o que devem e o que não devem fazer.

Portanto, a consciência moral depende da prática dos valores da comunidade em que se vive. Em um ambiente no qual se valorizam muito a justiça, a solidariedade e o amor ao próximo, a criança adquire mais facilmente a consciência desses valores.

O contrário também acontece. Em uma sociedade em que são frequentes a injustiça e o egoísmo, a criança tem pouca ou nenhuma consciência de que atos desse tipo são imorais.

Para ler e pensar

O diamante

O hindu chegou aos arredores de certa aldeia e aí se sentou para dormir, debaixo de uma árvore. Chegou correndo, então, um habitante daquela aldeia e disse, quase sem fôlego:

— Aquela pedra! Eu quero aquela pedra!

— Mas que pedra? — perguntou-lhe o hindu.

— Ontem à noite, eu vi meu Senhor **Shiva** e, num sonho, ele disse que eu viesse aos arredores da cidade, ao pôr do sol; aí devia estar o hindu que me daria uma pedra muito grande e preciosa que me faria rico para sempre.

> **Shiva:** um dos três deuses principais do hinduísmo, ao lado de Brahma e Vishnu.

Então o hindu mexeu na sua trouxa, retirou a pedra e foi dizendo:

— Provavelmente foi desta pedra que ele te falou; encontrei-a num trilho de floresta alguns dias atrás; pode levá-la!

E, assim falando, ofereceu-lhe a pedra.

O homem olhou maravilhado para a pedra. Era um diamante e, talvez, o maior jamais visto no mundo, do tamanho de uma cabeça humana!

Pegou, pois, o diamante e foi-se embora. Mas, quando veio a noite, ele virava de um lado para o outro em sua cama e nada de dormir. Então, rompendo o dia foi ver de novo o hindu e o despertou dizendo:

— Eu quero que me dê essa riqueza que lhe tornou possível desfazer-se de um diamante tão grande assim tão facilmente.

MELLO, Anthony de. *O canto do pássaro*. 11. ed. São Paulo: Loyola, 2003. p. 158-159.

> Atividades

Vamos refletir?

1 Complete as frases usando as palavras do quadro e responda à questão.

| propaganda | sociedade | pessoas | moda |

a) Elevar a posição social, ter mais bens, acompanhar a moda: é isso, infelizmente, que, para muitos, vale mais em nossa _____.

b) As _____ são, em geral, mais valorizadas por aquilo que têm do que por aquilo que são.

c) A _____ "faz a cabeça" das pessoas: dita a _____ e determina o que se deve comprar.

- Agora responda: Será que isso traz a verdadeira felicidade? Explique.

_____

_____

_____

2 Há pessoas que se preocupam em **ter mais** e outras que se preocupam em **ser mais**. É possível distingui-las por suas atitudes. Relacione as frases à alternativa que lhe parecer correta.

(1) Ter mais.

(2) Ser mais.

(   ) Vou me esforçar no estudo para ganhar aquele aparelho de som.

(   ) Minha roupa nova para a festa não ficou pronta. Mas o que importa é minha presença.

(   ) Enquanto não ganhar aquele tênis, eu não ajudo minha mãe em casa.

(   ) Aquele tênis é lindo! Mas eu ainda tenho um quase novo.

(   ) Sem roupa nova não vou ao aniversário do Marcos de jeito nenhum!

(   ) Vou estudar bastante, pois quero ser uma pessoa bem informada.

- A qual desses grupos você acredita que pertence? Explique.

  _____
  _____
  _____

③ Os valores materiais são necessários. Mas será que devem ser considerados mais importantes do que os outros? Observe a tirinha e redija um comentário sobre a atitude de Calvin.

WATTERSON, Bill. *Calvin e Haroldo*. Disponível em: <http://depositodocalvin.blogspot.com.br/2005/07/calvin-haroldo-tirinha-101.html>. Acesso em: 22 maio 2017.

_____
_____
_____
_____

Pensando juntos

④ A que valores se referem as frases a seguir? Converse com um colega e classifique cada frase (na página 54) de acordo com o grupo de valores a que pertencem.

a) Valores que despertam o gosto pela arte são fonte de alegria e tornam as pessoas mais sensíveis.

b) São valores básicos para a vida, mas considerados insuficientes para a verdadeira felicidade.

c) Valores como a bondade, a justiça e a solidariedade tornam as pessoas mais felizes.

d) Eles podem ser o fundamento de todos os outros valores, porque, para aqueles que acreditam, Deus é fonte e modelo de tudo o que é bom, verdadeiro e justo.

53

e) São valores que auxiliam a convivência pacífica e harmoniosa entre as pessoas.

f) O dinheiro, necessário para uma vida digna, faz parte desse grupo de valores.

g) O maior valor desse grupo é Deus.

Valores religiosos	Valores materiais
_____	_____
Valores morais	Valores artísticos
_____	_____

Saiba mais

O Pequeno Príncipe. Direção de Mark Osborne. França, 2015. Blu-ray.

Uma garota muda-se, com sua mãe, para um novo lar. Seu vizinho, um aviador aposentado, torna-se seu amigo e lhe apresenta um novo mundo: a história de um Pequeno Príncipe – clássico da literatura escrito por Antoine de Saint-Exupéry e adaptado para o cinema.

Conversando com Deus. Direção de Stephen Deutsch. Estados Unidos, 2006. 1 DVD.

Adaptação do livro homônimo de Neale Walsch, que conta sua própria história. Após um acidente de carro no qual quebrou o pescoço, Walsch fica sem emprego e torna-se mendigo. Encontra as respostas às suas dúvidas ao longo de muitas conversas com Deus, nas quais descobre o significado do que passou e um novo sentido para a vida.

Religiões e livros sagrados

Como ler a Bíblia

Ler um livro escrito há muitos séculos é uma experiência fascinante. É como descobrir um novo mundo. Deparamo-nos com costumes, hábitos e formas de pensar típicos de outra época. A própria linguagem tem expressões e vocábulos que hoje já não são mais usados. Ao mesmo tempo, constatamos que muitas situações e muitos problemas são semelhantes aos que vivemos hoje.

Para poder usufruir essa experiência, precisamos nos preparar e levar em conta a cultura da época, as características do autor e do idioma em que foi escrito. Isso será necessário, por exemplo, se quisermos ler uma das obras mais importantes da língua portuguesa, *Os Lusíadas*, escrita pelo poeta Luís de Camões no século XVI, ou a obra-prima do poeta italiano Dante Alighieri, *A divina comédia*, escrita no século XIV, fruto de um meio cultural bem diferente do nosso.

Embora alguns considerem a Bíblia um livro difícil de compreender, hoje já existem versões mais simples, destinadas a crianças, por exemplo.

A Bíblia é uma das obras mais antigas que existem. Os primeiros livros bíblicos começaram a ser escritos há mais ou menos 3 mil anos. O hebraico, língua em que foi escrita a maioria dos livros do Antigo Testamento, é bem diferente do português. Ainda mais diferente era a cultura daquela época. Já os textos do Novo Testamento foram escritos em grego, um dos idiomas que influenciaram a língua portuguesa.

Ao ler a Bíblia, temos de levar esses fatos em consideração. Por isso, nem sempre podemos interpretar os textos bíblicos exatamente como estão escritos, ou seja, de forma literal. Por exemplo: Deus não fez o mundo literalmente em sete dias, como se lê no Gênesis. Nem criou o homem diretamente do barro. Esse relato reflete o que o povo judeu, com os conhecimentos que tinha na época, pensava a respeito da criação do mundo e do homem. Como sabemos, o mundo e o homem são resultado de bilhões de anos de evolução.

Mas isso não diminui o valor da Bíblia, porque, nesse caso, a mensagem que ela pretende transmitir é que Deus é o criador do mundo e da humanidade.

Outro exemplo: Jesus disse que, se alguém nos bater numa face, devemos lhe oferecer a outra (Lucas 6,29). Ora, esse não é um ensinamento para ser compreendido ao pé da letra. Aliás, o próprio Jesus foi esbofeteado por um soldado e não lhe ofereceu a outra face. Pelo contrário, encarou o agressor com firmeza e dignidade e perguntou-lhe: "Por que me bateu?" (João 18,23).

Precisamos saber o que Jesus queria nos ensinar com essa maneira de falar, fazendo uso de metáforas. Estudando a cultura e a língua da época, concluímos que, com aquele conselho de oferecer a outra face, Jesus queria dizer que é preciso perdoar aqueles que nos ofendem.

Em busca do tesouro

Conhecemos muitas histórias reais e fictícias em que as pessoas não medem sacrifícios para encontrar o tesouro procurado. A Bíblia é um tesouro inestimável, que está disponível para todos, porém é necessário se esforçar um pouco para compreender as diversas mensagens que ela traz. O valor da Bíblia não é só religioso. É também histórico, cultural e literário. A Bíblia é considerada por muitos uma obra-prima inspirada por Deus e escrita pela humanidade.

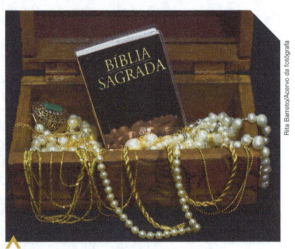

A Bíblia é um tesouro a ser descoberto.

▶ Atividades

1 Assinale as frases que justificam a afirmação em destaque.

- Quem lê um livro antigo se surpreende, porque nele encontra...

   ( ) costumes e hábitos diferentes.

   ( ) total facilidade para compreender o que está escrito.

   ( ) formas de pensar típicas de outra época.

   ( ) expressões que já não são mais usadas.

   ( ) uma cultura idêntica à da atualidade.

2 Descubra duas informações, circulando uma letra sim e outra não.

A	A	B	O	Í	L	B	E	L	R	I	A	A	B	É	Í
U	B	M	L	D	I	O	A	S	D	L	E	I	V	V	E
R	M	O	O	S	S	M	L	A	E	I	V	S	A	A	R
N	E	T	S	I	S	G	E	O	F	S	A	Q	T	U	O
E	E	E	M	X	C	I	O	S	N	T	T	E	A	M	*

a) Letras circuladas: _____

b) Letras não circuladas: _____

3 Converse com o professor e os colegas e depois responda às questões abaixo.

a) Quando começaram a ser escritos os primeiros livros da Bíblia?

_____

_____

b) Em que língua foi escrita a maioria dos livros do Antigo Testamento?

_____

_____

c) Por que não podemos interpretar literalmente os textos bíblicos?

_____

_____

d) O que é necessário para entender obras antigas?

_____

_____

4 Leia as afirmações e escreva sua opinião a respeito de cada uma delas.

a) A Bíblia está ao alcance de quem se esforçar um pouco para compreendê-la.

_____

_____

b) A Bíblia é considerada por muitos a obra-prima de Deus e da humanidade.

_____

_____

UNIDADE 3

A moral do Reino de Deus

7 Jesus e a moral

8 A justiça do reino

9 Um reino sem preconceitos

Em seu tempo, Jesus combateu todo tipo de preconceito. Maria Madalena foi discípula de Jesus e, por ser mulher e samaritana, ele quebrou dois preconceitos da época ao falar com ela. *Cristo e Maria Madalena*, relevo do século XII que decora a Catedral de Notre Dame, em Paris.

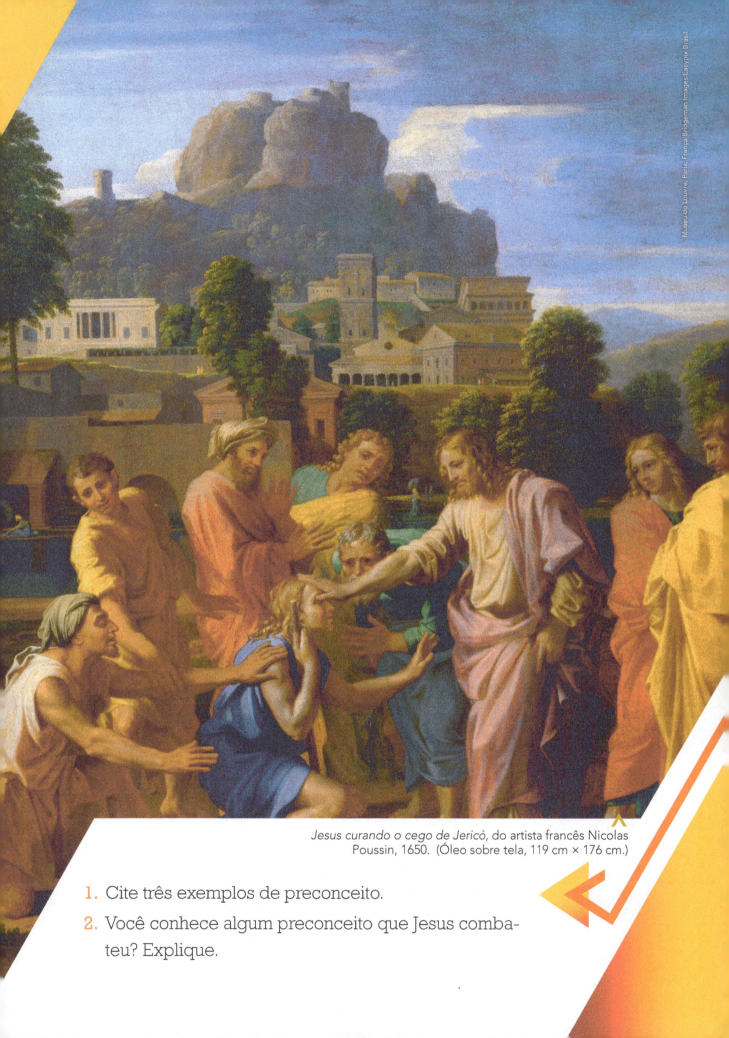

Jesus curando o cego de Jericó, do artista francês Nicolas Poussin, 1650. (Óleo sobre tela, 119 cm × 176 cm.)

1. Cite três exemplos de preconceito.
2. Você conhece algum preconceito que Jesus combateu? Explique.

Capítulo 7
Jesus e a moral

> [...] Amai os vossos inimigos e orai por aqueles que vos perseguem! Assim vos tornareis filhos do vosso Pai que está nos céus; pois ele faz nascer o seu sol sobre maus e bons e faz cair a chuva sobre justos e injustos.
>
> Mateus 5,44-45. **Bíblia Sagrada**. 8. ed. Tradução da CNBB. Brasília: Edições CNBB; São Paulo: Editora Canção Nova, [s.d.]. p. 1206.

A pregação de São João Batista no deserto, do pintor italiano Massimo Stanzione, criado no século XVII. (Óleo sobre tela, 187 cm × 335 cm.)

João Batista era primo de Jesus e tinha a missão de preparar as pessoas para receber o filho de Deus. Ele pregava na Palestina.

Aos que lhe perguntavam o que deveriam fazer para receber Jesus, João Batista dizia: "Repartam os bens. Não deixem que pessoa alguma passe frio ou fome".

Neste capítulo, vamos conhecer um pouco dos ensinamentos morais de Jesus e da mudança de vida proposta por ele.

Jesus não veio à Terra exclusivamente para ensinar uma moral, ou seja, um conjunto de regras, leis e mandamentos. Ele veio fundar o Reino de Deus. O Reino de Deus é uma nova visão da moral, dos costumes, da política e da religião. Nesse reino, as pessoas são mais importantes do que as leis e os costumes sociais. Por isso, não é fácil aceitar os ensinamentos de Jesus.

Em sua época, Jesus foi criticado pelas autoridades políticas e religiosas, que o acusaram de desrespeitar os preceitos da religião antiga. Mas nem todas o acusaram. Nicodemos, por exemplo, membro do **Sinédrio**, ouvindo os ensinamentos de Jesus e presenciando seus milagres, resolveu procurá-lo, mas fez isso à noite, para não ser visto pelos **doutores da Lei**, seus colegas.

> À noite, ele [Nicodemos] foi se encontrar com Jesus e lhe disse:
> — Mestre, sabemos que vieste como mestre da parte de Deus, pois ninguém é capaz de fazer os sinais que tu fazes se Deus não está com ele.
> Jesus respondeu:
> — Em verdade, em verdade, te digo, se alguém não nascer de novo não poderá ver o Reino de Deus!
> Nicodemos perguntou:
> — Como pode alguém nascer, se já é velho? Ele poderá voltar ao ventre de sua mãe para nascer?

Texto elaborado com base em: João 3,2-4. *Bíblia Sagrada*. 8. ed. Tradução da CNBB. Brasília: Edições CNBB; São Paulo: Editora Canção Nova, [s.d.]. p. 1313.

▶ **Sinédrio:** era o tribunal supremo dos judeus. Tinha amplos poderes em questões civis e religiosas. Foi esse tribunal que condenou Jesus à morte.

▶ **Doutor da Lei:** mestre de interpretação e ensino da Lei (Torá).

Nicodemos, mesmo sendo doutor da Lei e mestre em Israel, teve dificuldade em compreender a mudança de vida que é exigida para pertencer ao Reino de Deus. Na verdade, não é fácil entender esse tipo de reino. Jesus preparou os apóstolos durante três anos para essa compreensão, mas só após a ressurreição eles começaram a ter uma ideia clara do que significava o Reino de Deus.

Mesmo sendo doutor da Lei, Nicodemos defendeu Jesus perante o Sinédrio. Vitral representando Jesus e Nicodemos, presente na Primeira Igreja Presbiteriana, em Nova York, Estados Unidos, fundada em 1823.

No Reino de Deus, não há lugar para egoísmo, orgulho, injustiça, ódio, individualismo, desonestidade, inimizade, ambição por riqueza material e consumismo. No Reino de Deus, vive-se para o amor a Deus e ao próximo, para a solidariedade, amizade, bondade, honestidade e justiça.

Para ler e pensar

Vida nova

Três ou quatro vezes na vida, os indígenas Miskito, de Honduras, costumam trocar o nome. É uma antiga tradição da tribo, a qual eles não pretendem mudar [...].

O Instituto Indigenista de Honduras garante que se trata de um costume ancestral e que não deve ser mudado, apesar dos protestos dos cartórios. Em determinadas situações, os Miskito se livram do passado, do nome e iniciam uma vida nova. Na prática, significa um novo nascimento, que os torna isentos de responsabilidade sobre o que ocorreu antes.

Em sua simplicidade, esses indígenas nos ensinam uma grande lição evangélica. A qualquer momento, uma pessoa pode iniciar uma vida nova, que surge cheia de possibilidades, totalmente aberta ao ideal de cada um. Eles nos ensinam que o erro nunca é definitivo e que a pessoa é sempre maior que seu pecado.

[...]

Texto elaborado com base em: VIAN, Dom Itamar; COLOMBO, Frei Aldo. *Histórias de vida:* parábolas para refletir. 2. ed. São Paulo: Paulinas, 2006. p. 49-50.

Indígenas Miskito, da região da América Central. Com vestimentas tradicionais, eles se preparam para uma cerimônia em sua tribo.

> *Atividades*

Vamos refletir?

1 Responda, escrevendo apenas **sim** ou **não**, nos espaços ao lado de cada frase. Você sabia que...

- João Batista era primo de Jesus? _____

- ele ensinava o povo às margens do rio Jordão? _____

- ele teve uma importante missão em relação a Jesus? _____

- ele foi o preparador das pessoas para a vinda de Jesus? _____

- ele é o mesmo São João das festas juninas? _____

2 Releia o capítulo e responda: Em sua opinião, quais seriam os ensinamentos de João Batista diante das situações citadas abaixo?

a) Famílias morando em barracos.

_____

_____

b) Pessoas dormindo ao relento na rua.

_____

_____

c) Crianças mendigando e passando fome.

_____

_____

d) Pessoas com frio por falta de agasalhos.

_____

_____

e) Políticos corruptos e que não se importam com o povo.

_____

_____

3 Sublinhe as afirmativas verdadeiras em relação ao Reino de Deus.

a) As pessoas são mais importantes do que as leis e os costumes.

b) É um novo modo de praticar política e religião.

c) Este reino prioriza os poderes, as riquezas e as honrarias.

d) Para fazer parte desse reino, é preciso mudar de vida.

e) Inaugura uma nova visão da ética e dos costumes.

f) Nesse reino são disputados os mais altos cargos.

g) É muito mais do que um conjunto de leis e mandamentos.

Pensando juntos

4 Em duplas, analisem cada questão e respondam.

a) Quem foi Nicodemos?

_____

_____

b) Por que Nicodemos procurou Jesus?

_____

_____

c) Por que Nicodemos não queria ser visto por seus colegas?

_____

_____

_____

d) Por que Jesus disse a Nicodemos que ele precisava nascer de novo para entrar no Reino de Deus?

_____

_____

_____

e) Na opinião de vocês, ainda existem pessoas como Nicodemos?

_____

_____

_____

5 Vamos fazer uma entrevista com Jesus? Procurem as respostas na Bíblia, consultando as passagens indicadas em cada pergunta, e escrevam somente as falas de Jesus.

a) Jesus, qual é sua mensagem para nós hoje? (Mateus 3,2)
_____
_____
_____

b) Como é possível entrar no Reino de Deus? (Mateus 18,3)
_____
_____
_____

c) Jesus, por que você insiste tanto na necessidade de conversão? (Mateus 13,15)
_____
_____
_____

d) E quanto a nós, Jesus? (Mateus 13,16)
_____
_____
_____

Capítulo 8
A justiça do reino

[…] a injustiça dá origem a ódios e lutas entre os homens, enquanto a justiça produz acordo e amizade.

PLATÃO. In: ABBAGNANO, Nicola. *Dicionário de Filosofia*. São Paulo: Martins Fontes, 2012. p. 683.

O número de pessoas sem-teto nas grandes cidades brasileiras aumentou consideravelmente. Moradores de rua pedem esmolas em frente a uma igreja no centro do Rio de Janeiro (RJ). Foto de 2016.

Você acha justa uma sociedade que ostenta tanta riqueza e luxo, mas deixa muitos (como mostra a imagem) sofrendo na rua? No mundo existe muita pobreza, fome, crueldade, impiedade, etc. No mundo há muita injustiça. A justiça é um dos temas predominantes no cristianismo e na maioria das religiões.

Neste capítulo, vamos estudar o conceito da justiça do Reino de Deus.

Ser cristão significa seguir Jesus em seus ensinamentos e, assim, buscar uma sociedade mais justa em que todas as pessoas possam viver dignamente. Isso não é algo fácil de fazer, pois exige das pessoas uma mudança muito grande em relação às suas atitudes e aos seus pensamentos.

Jesus também viveu em uma sociedade injusta, na qual os pobres, as mulheres e os enfermos eram desprezados. Ele, porém, defendeu a todos. Curou doentes, ressuscitou o filho único de uma pobre viúva, deu a visão a cegos, fez paralíticos andarem...

Em Mateus 5,13-15, é dito que os cristãos devem ser sal e luz no ambiente em que vivem, a exemplo de Jesus. O sal não deixa a moral se corromper. E a luz ilumina as ações, não permitindo que se tramem a corrupção ou outros males às escondidas.

O bairro do Morumbi, em São Paulo (SP), agrega os extremos da sociedade brasileira: de um lado, um condomínio de alto padrão; do outro, a comunidade de Paraisópolis. Foto de 2016.

Vós sois o sal da terra. Ora, se o sal perde seu sabor, com que se salgará? Não servirá para mais nada, senão para ser jogado fora e pisado pelas pessoas. Vós sois a luz do mundo. Uma cidade construída sobre a montanha não fica escondida. Não se acende uma lâmpada para colocá-la debaixo de uma caixa, mas sim no candelabro, onde ela brilha para todos os que estão em casa.

Mateus 5,13-15. *Bíblia Sagrada*. 8. ed. Tradução da CNBB. Brasília: Edições CNBB; São Paulo: Editora Canção Nova, [s.d.]. p. 1205.

WATTERSON, Bill. *Calvin e Haroldo*: algo babando embaixo da cama. Rio de Janeiro: Cedibra, 1988. p. 48.

Para ler e pensar

Jesus, o defensor dos injustiçados

Vinde, benditos do meu Pai, recebei o reino que foi preparado para vós desde a fundação do mundo. Porque eu tive fome e me destes de comer; tive sede e me destes de beber; eu era estrangeiro e me acolhestes; estava nu e me vestistes; doente, e me visitastes; na prisão, e viestes a mim.

Então os justos lhes perguntarão: Senhor, quando é que te vimos com fome e te alimentamos? Com sede e te demos de beber? Quando te vimos estrangeiro e te acolhemos? Nu e te vestimos? Quando é que te vimos doente ou na prisão e te visitamos?

E o rei lhes responderá. Na verdade, todas as vezes que fizestes tudo isso a um destes pequeninos que são meus irmãos, foi a mim que o fizestes.

Texto elaborado com base em: Mateus 25,34-40. *Bíblia Sagrada*. 8. ed. Tradução da CNBB. Brasília: Edições CNBB; São Paulo: Editora Canção Nova, [s.d.]. p. 1234-1235.

Durante as peregrinações, Jesus sempre atuou em favor de doentes e oprimidos. *Jesus cura um leproso*, mosaico bizantino do século XII que decora a Catedral de Monreale, na Sicília, Itália.

Considerados impuros pelos judeus, por terem se misturado a outros povos, os samaritanos sofriam grande discriminação social. Jesus combatia também esse tipo de preconceito, como consta na passagem bíblica em que pede água a uma samaritana. Cena do episódio "A mulher samaritana", da minissérie brasileira *Os milagres de Jesus*.

68

> *Atividades*

Vamos refletir?

1 Leia e pense.

> O símbolo da justiça é a balança de dois pratos
> porque ela representa ponderação, equilíbrio e igualdade.

- Leia as afirmativas abaixo e desenhe uma balança de dois pratos no quadro ao lado da afirmativa que corresponde ao conceito correto de justiça.

Justiça é viver em paz consigo mesmo e com os outros, respeitando os mandamentos de Deus e as leis morais.

Justiça é a virtude moral que consiste na vontade firme de dar a Deus e ao próximo o que lhes é devido.

2 Complete simultaneamente as frases abaixo e o diagrama da página seguinte.

a) Quem pratica a justiça é considerado _____.

b) A justiça produz harmonia nas relações _____.

c) Não pode haver justiça onde não há _____.

d) A justiça nos faz respeitar os _____ de todos.

e) A justiça supõe a prática da _____.

f) Jesus se coloca sempre do lado dos _____.

g) O resultado da justiça é a _____.

Trocando ideias

3 Para discutir com o professor e os colegas.

a) Podemos considerar nosso mundo justo ou injusto? Por quê?

b) Aponte uma situação que você considera justa.

c) Aponte uma situação que você considera injusta.

d) Quais eram as atitudes de Jesus em relação às injustiças de seu tempo?

Pensando juntos

4 Em duplas, leiam o texto e respondam.

Sem casa

Tem gente que não tem casa,
mora ao léu, debaixo da ponte.
No céu a lua cheia espia
esse monte de gente na rua
como se fosse papel
[...]

MURRAY, Roseana. *Casas*. Belo Horizonte: Formato, 1994. p. 12.

Moradores de rua vivem embaixo de viaduto em São Paulo (SP). Foto de 2017.

a) A situação descrita é real ou imaginária? Comentem.
_____
_____

b) Vocês já viram pessoas dormindo na rua? Comentem.
_____
_____
_____

c) Vocês acham normal que alguém durma na rua? Expliquem.
_____
_____
_____

d) Na opinião de vocês, a quem compete resolver esse problema? Por quê?
_____
_____
_____

e) Como vocês poderiam ajudar?
_____
_____
_____

5 Leia as palavras escritas na ilustração da balança e complete os textos da página seguinte.

Quando damos aos _____ as coisas indispensáveis, não praticamos com eles grande _____ pessoal, mas lhes devolvemos o que é deles.

Cumprimos um _____ de justiça, e não [apenas] um ato de _____.

S. Gregório Magno. In: PONTIFÍCIO CONSELHO JUSTIÇA E PAZ.
Compêndio da doutrina social da Igreja. São Paulo: Paulinas, 2011.

O fruto da _____ será a paz, e a obra da justiça consistirá na tranquilidade e na _____ para sempre.

Isaías 32,17. *Bíblia de Jerusalém*. São Paulo: Paulus, 2002.

6 **Reescreva com suas próprias palavras as frases abaixo, que se relacionam com o tema justiça/injustiça.**

a) É melhor ter pouco com retidão do que muito com injustiça.

Provérbios 16,8.

_____

_____

b) O amor não se alegra com a injustiça, mas se alegra com a verdade.

1 Coríntios 13,6.

_____

_____

c) Se confessarmos os nossos pecados, Deus é fiel e justo para perdoá-los e nos purificar de toda injustiça.

1 João 1,9.

_____

_____

Capítulo 9

Um reino sem preconceitos

O senhor... mire e veja: o mais importante e bonito, do mundo, é isto: que as pessoas não estão sempre iguais, [...] mas vão sempre mudando.

ROSA, João Guimarães. *Grande sertão: veredas*. 22. ed. Rio de Janeiro: Nova Fronteira, 2015.

Preconceito é uma espécie de opinião ou julgamento que fazemos sem uma análise adequada e um real conhecimento delas. O prefixo **pre-** significa "antes" e indica que se trata de um conceito formado sem reflexão para verificar se a opinião é verdadeira.

Neste capítulo, vamos estudar alguns preconceitos e perceber que Jesus combateu todo tipo de discriminação em sua época.

Existem muitos preconceitos, como os de classe (entre pobres e ricos), de gênero (entre homens e mulheres), de origem (entre regiões e países diferentes) e de religião (entre religiões diferentes). Há também preconceito contra homossexuais, pessoas com deficiência física e mental e pessoas que sofrem de certas doenças.

O preconceito em relação à cor da pele, por exemplo, é totalmente sem fundamento. O fato de ter a pele branca, amarela, vermelha ou negra não torna ninguém superior ou inferior ao outro.

BECK, Alexandre. *Armandinho*. Disponível em: <https://tirasarmandinho.tumblr.com/post/106515334324/tirinha-original>. Acesso em: 19 maio 2017.

▶ **Samaritano:** habitante da cidade e região de Samaria. Os judeus rejeitavam os samaritanos, que, apesar de descenderem também de Abraão, haviam se misturado com outros povos. Jesus quebrou esse isolamento secular.

▶ **Adúltero:** quem tem relação amorosa fora do casamento.

Jesus viveu em uma sociedade preconceituosa. Havia preconceito contra religião (entre judeus e **samaritanos**); preconceito entre o povo "ignorante" e os conhecedores e intérpretes das Escrituras; entre pobres e ricos; entre homens e mulheres; entre pessoas sadias e enfermas (algumas doenças eram consideradas consequência de pecados cometidos pelo enfermo).

Jesus combateu todos os preconceitos da época. Conversou com uma samaritana que, segundo as autoridades religiosas, deveria ser evitada por ser mulher e estrangeira; colocou um samaritano como exemplo de amor ao próximo; defendeu uma mulher **adúltera** que estava para ser apedrejada; pernoitou na casa de Zaqueu, considerado ladrão pelo povo; era amigo e protetor dos pobres, doentes, deficientes físicos e injustiçados.

QUINO, Joaquín S. L. *Mafalda*. Disponível em: <http://centraldastiras.blogspot.com.br/2010/10/mafalda-preconceito-racial.html>. Acesso em: 19 maio 2017.

Jesus mostrou com palavras e exemplos que no Reino de Deus não há espaço para nenhum preconceito. O preconceito é fruto da ignorância e de interesses. Por trás do preconceito, há quase sempre a vontade de dominação e exploração de pessoas e povos.

Ninguém está isento de agir de maneira preconceituosa. Reflita e veja se, em algum momento, você agiu assim em relação a alguns colegas ou em certas situações. Pergunte-se, por exemplo, por que alguns alunos sofrem **bullying**.

> **Bullying:** termo inglês (*bully* = intimidador) que se refere a toda atitude agressiva (verbal ou física), intencional e repetitiva, que ocorre sem motivação evidente e é exercida por um ou mais indivíduos com o objetivo de intimidar ou agredir outra pessoa.

É verdade que por fora
os homens são de várias cores:
pretos, brancos, amarelos,
até vermelhos e assim assim.
Mas por dentro são iguais
como gêmeos. Em Pequim
ou em Atenas ou em Belém
somos todos como irmãos,
menos aquela pouca gente
que só se acha parente
do dinheiro que elas têm;
irmão, primo e cunhado
de um bolso bem forrado.

RODARI, Gianni. *O livro dos porquês*. São Paulo: Ática, 2005. p. 56.

> A amizade pode ter origem na necessidade de ser protegido por outras pessoas e pressupõe confiança mútua.

Para ler e pensar

"Ele é igual a mim"

Na Irlanda do Norte, uma rivalidade secular entre católicos e protestantes causou inúmeros atentados e mortes. Rivalidade que é, na verdade, político-religiosa.

Até crianças das duas religiões eram proibidas de se encontrar. Então, as autoridades estabeleceram que, uma vez por mês, crianças católicas e protestantes poderiam se encontrar em um local neutro para conversar e brincar. Os primeiros encontros foram um sucesso e mostraram ao mundo que as crianças são menos preconceituosas que os adultos. Elas conversaram e se divertiram a valer.

Uma delas disse a um repórter, a respeito de seu colega de outra religião: "Ele é igual a mim".

A intenção do governo irlandês era estimular a amizade, o mais cedo possível, entre crianças de religiões diferentes para que crescessem sem os preconceitos já enraizados nos adultos intolerantes.

Em Belfast (Irlanda do Norte) crianças e jovens divertiram-se na primeira edição dos Jogos da Paz, que uniu adolescentes de todos os lados da cidade. Foto de 2015.

Muro em Belfast, capital da Irlanda do Norte, divide católicos (que defendem a unificação do Estado Irlandês) e protestantes (que defendem a permanência do país como parte do Reino Unido). As manifestações artísticas, como a da foto, indicam o desejo de que ambas as nações se unam solidariamente. Foto de 2014.

> *Atividades*

Vamos refletir?

1 Complete as frases indicando a continuação adequada no bloco a seguir.

(A) O preconceito está sempre de mãos dadas com a intolerância,

(B) Quando alguém, por causa da cor de sua pele, crença, opinião ou aparência, é rejeitado em um emprego ou em um trabalho em grupo,

(C) Não é só a cor da pele que incomoda os preconceituosos,

(D) As pessoas podem ter jeitos diferentes de falar, de se vestir, de se comportar e de pensar,

(E) Todos têm os mesmos direitos e deveres,

( ) mas nada disso as faz melhores ou piores do que os outros.

( ) e isso torna as pessoas iguais, apesar de suas diferenças.

( ) e a intolerância leva à discriminação.

( ) mas também a religião, a nacionalidade, a classe social e a aparência.

( ) está havendo discriminação.

2 Na entrada de uma escola havia um cartaz como este abaixo, da ilustração.

- **Agora pense e responda.**

a) Na escola em que você estuda, como as pessoas tratam umas às outras? Explique.

_____

_____

_____

b) Observe se em sua classe são todos aceitos pelo grupo. Há alguém isolado? Nesse caso, o que pode ser feito?

_____

_____

_____

c) Imagine um cartaz semelhante na porta do céu. O que poderia estar escrito nele? Escreva na moldura.

_____

_____

_____

_____

Pakhnyushchy/Shutterstock

3 Complete a quadrinha com a palavra-chave deste capítulo.

Que bom se todo mundo

Pudesse entender direito

Que tudo fica mais fácil

Sem o tal do _____.

RAMOS, Rossana; SANSON, Priscila. *Na minha escola todo mundo é igual*. 8. ed. São Paulo: Cortez, 2010. p. 17.

4 Compare os dois poemas e escreva um comentário sobre eles.

Onde cai o arco-íris

Não existe melodia que seja negra.
Não existe melodia que seja branca.
Existe apenas a música.
E a música, irmão, cantaremos,
Onde cai o arco-íris.

> RIVE, Richard. *Onde cai o arco-íris*. In: RICCIARDI, M. L. (Org.). Pescador de pérolas. São Paulo: Paulinas, 1988. p. 24.

Daltonismo

Olhe de novo:
Não existem brancos;
Não existem amarelos;
Não existem negros.
Somos todos arco-íris.

> TAVARES, Ulisses. *Viva a poesia viva*. São Paulo: Saraiva, 1997. p. 56.

O arco-íris possui sete cores visíveis ao olho humano. No entanto, é sua unidade que compõe a harmonia do todo.

_____
_____
_____
_____

Trocando ideias

5 Converse com o professor e os colegas e depois responda.

a) Nossas semelhanças são maiores do que nossas diferenças. Você concorda com essa frase? Explique.

_____
_____

b) Nenhum preconceito é justificável. Essa afirmativa pode ser considerada correta ou incorreta? Por quê?

_____
_____

Pensando juntos

6 Leiam juntos e depois respondam.

Depoimento de um jovem negro de Serra Leoa, na África

Aconteceu em Londres. Já era tarde da noite e precisei tomar um táxi para casa. Curiosamente, nenhum dos taxistas que chamei me deixou entrar. Então fiquei ali, com o dinheiro para o táxi no bolso, olhando os brancos irem para casa enquanto eu ficava morrendo de frio. Isso é ou não racismo?

KAMARA, Sheku Syl. In: *Todos temos direitos:* um livro sobre os direitos humanos. Escrito, ilustrado e editado por jovens do mundo inteiro. São Paulo: Ática, 1999. p. 18.

a) O que vocês poderiam responder ao jovem Sheku?

___

b) Na opinião de vocês, ainda existe discriminação hoje? Expliquem.

___

c) No tempo de Jesus, quem eram os discriminados?

_____
_____
_____
_____

d) O que chamou mais a atenção de vocês na atitude de Jesus em relação aos discriminados de sua época?

_____
_____
_____
_____
_____

Saiba mais

O filho de Deus. Direção de Christopher Spencer. Estados Unidos, 2014. 1 DVD.

O filme conta a trajetória de Jesus, sua origem simples em Nazaré, o desafio de reunir seus discípulos e de propagar sua mensagem, sua morte e ressurreição. Ao desafiar os líderes religiosos e políticos de sua época, Jesus despertou a ira daqueles que não aceitavam sua mensagem de inclusão e amor ao próximo.

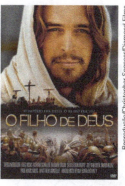

Na minha escola todo mundo é igual. Livro de Rossana Ramos e Priscila Sanson, editora Cortez, 2010.

Livro que trata de uma experiência vivida em uma escola com educação inclusiva, trabalhando o conceito de diversidade e igualdade. Aborda temas polêmicos, que levam o leitor a perceber que todos têm direitos iguais e que suas diferenças devem ser respeitadas.

Religiões e livros sagrados

Citações e abreviaturas dos livros bíblicos

Citações bíblicas

Os livros bíblicos são divididos em capítulos; e os capítulos, em versículos. O Evangelho de Mateus, por exemplo, é dividido em 28 capítulos.

Veja como se faz uma citação de um trecho bíblico:

> Eu sou a luz do mundo.
>
> Quem me segue não caminha nas trevas, mas terá a luz da vida.

A vírgula serve para separar o capítulo do versículo.

Ao consultar a Bíblia, percebemos que os números que indicam os capítulos são impressos em tamanho maior do que os que indicam os versículos. Observe.

O número 6, no começo da citação, indica que se trata do sexto capítulo.

> **6** ¹ Num sábado, Jesus estava passando pelas plantações de trigo, e os discípulos arrancavam as espigas, debulhavam e comiam. ² Alguns fariseus disseram: "Por que fazeis o que não é permitido em dia de sábado?". ³ Jesus respondeu-lhes: "Nunca lestes o que fez Davi, quando ele teve fome, e seus companheiros também? ⁴ Ele entrou na casa de Deus, pegou os pães da oferenda, comeu e ainda deu aos seus companheiros esses pães, que só aos sacerdotes era permitido comer".
>
> Lucas 6,1-4.

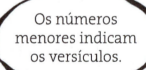

Os números menores indicam os versículos.

Citação de vários versículos seguidos

Para citar vários versículos seguidos, basta escrever o primeiro e o último versículo e colocar um hífen entre eles. Assim:

Marcos 4,35-41

Nesse caso, o hífen substitui os versículos 36, 37, 38, 39 e 40. Lê-se "Marcos, capítulo 4, versículos de 35 a 41".

Quando queremos citar versículos que não são seguidos, usamos um ponto entre eles.

Mateus 6,7.19

Lê-se "Mateus, capítulo 6, versículos 7 e 19".

Abreviaturas dos nomes dos livros

Neste volume, muitas vezes utilizamos abreviaturas nas referências aos textos bíblicos. Além dos casos já conhecidos, há livros em que aparecem as palavras **primeiro**, **segundo** ou **terceiro**, como na Primeira Carta de João. Abreviamos colocando antes do título o numeral correspondente: 1Jo 4,16.

Veja algumas abreviaturas abaixo.

- Gênesis: Gn
- Êxodo: Ex
- Números: Nm
- Primeiro Livro de Crônicas: 1Cr
- Segundo Livro de Crônicas: 2Cr
- Salmos: Sl
- Provérbios: Pr
- Eclesiastes: Ecl
- Evangelho segundo Mateus: Mt
- Evangelho segundo Marcos: Mc
- Evangelho segundo Lucas: Lc
- Evangelho segundo João: Jo
- Atos dos Apóstolos: At

- Carta aos Romanos: Rm
- Primeira Carta aos Coríntios: 1Cor
- Carta aos Gálatas: Gl
- Apocalipse de João: Ap

Biry Sarkis/Arquivo da editora

> **Atividades**

1 Releia o capítulo e responda à questão abaixo.

- O que é uma citação bíblica?

_____
_____
_____
_____

2 Responda **sim** ou **não**.

Você sabia que...

- a Bíblia é formada por uma variedade de livros? _____
- nas citações o livro é indicado por uma abreviatura? _____
- cada livro é dividido em capítulos e versículos? _____
- o capítulo é indicado pelo número de formato maior? _____
- os versículos são indicados por vários números pequenos? _____
- precisa saber de tudo isso para fazer corretamente uma citação bíblica?

_____
_____

3 Assinale o item que completa corretamente cada frase abaixo.

a) Os livros bíblicos são divididos em:

( ) partes.   ( ) capítulos.   ( ) unidades.

b) Os capítulos da Bíblia são divididos em:

( ) versículos.   ( ) subcapítulos.   ( ) pequenos textos.

c) O sinal que separa o capítulo do versículo é o/a:

( ) til.   ( ) apóstrofo.   ( ) vírgula.

84

d) O sinal que indica versículos seguidos é o:

( ) hífen.   ( ) trema.   ( ) dois-pontos.

e) O sinal que indica versículos não seguidos é o:

( ) travessão.   ( ) ponto.   ( ) ponto e vírgula.

4 Relacione a coluna da esquerda com a da direita, identificando qual abreviatura corresponde ao seu respectivo nome. Se necessário, pesquise no índice de uma Bíblia.

(1) Eclesiastes   ( ) Gn

(2) Gênesis   ( ) Mt

(3) Isaías   ( ) Sl

(4) Jeremias   ( ) Ecl

(5) Marcos   ( ) Pr

(6) Mateus   ( ) Jr

(7) Provérbios   ( ) Mc

(8) Salmos   ( ) Is

Profeta Isaías, de Aleijadinho, 1800-1805. (Escultura em pedra-sabão, altura: 201 cm.)

5 Você já sabe que nas citações se abreviam o nome dos livros bíblicos. Consulte o índice de uma Bíblia e escreva por extenso, como se lê.

a) Gn 18,4: _____

b) Pr 22,6ss: _____

c) Sl 8,10: _____

d) Mt 18,20: _____

e) Mc 12,3-7: _____

f) Lc 19, 9-10: _____

g) Jo 8,12.17: _____

UNIDADE 4
Por que amar?

- ⑩ Por que amar a Deus em primeiro lugar?
- ⑪ Egoísmo ou amor-próprio?
- ⑫ Amar o próximo

Madre Teresa de Calcutá, conhecida por seu amor ao próximo, consolando um recém-nascido. Calcutá, Índia. Foto de 1971.

O guarda-chuva os protege da chuva como o amor os protegerá dos problemas da vida.

1. Como você define egoísmo?
2. Qual é a diferença entre egoísmo e amor-próprio?

Capítulo 10

Por que amar a Deus em primeiro lugar?

O que o homem pode fazer de melhor para a sua felicidade é pôr-se em harmonia constante com Deus por meio de súplicas e orações.

PLATÃO. In: PEDROSA, José. **Pensamentos edificantes**. Natal: Clube de Autores, 2015. p. 118.

O desejo de ser feliz faz parte da natureza humana. Sentimos necessidade de ser felizes da mesma maneira que sentimos necessidade de nos alimentar ou beber água. Onde podemos encontrar a felicidade? Muitos passam a vida procurando-a nos lugares errados. É como buscar um tesouro que nunca será encontrado.

Neste capítulo, vamos aprender sobre a relação entre a prática do amor, a felicidade e o valor de amar a Deus para nossa paz interna.

Sobre uma montanha e iluminado pelos raios do Sol, o homem agradece a Deus a felicidade de mais um dia. Tailândia, 2017.

Alguns procuram a felicidade apenas nos bens materiais; outros, nos prazeres; e outros, ainda, na fama. Mas há também aqueles que a buscam na prática do amor, que é o maior dos valores.

Algumas pessoas poderiam dizer que são felizes porque compraram um carro, ou porque adquiriram um celular novo. Realmente, isso, por algum tempo, pode até fazer a pessoa se sentir bem por ter alcançado um objetivo. Mas, se a felicidade dessa pessoa depender unicamente dessas coisas, que podem ser roubadas ou se quebrar, ela corre o risco de perder a felicidade a qualquer momento.

Contudo, quando alguém tem o amor como fonte de sua felicidade, esse sentimento não pode ser roubado nem se quebrar, já que não é um sentimento de interesse. O amor é um sentimento gratuito, alguém ama porque ama, e não porque convém ou porque a outra pessoa pode lhe dar algo em troca. O amor verdadeiro não é fruto de outros interesses. O apóstolo Paulo nos fala a respeito do amor no trecho abaixo (este texto faz parte de uma atividade da página 108).

A usura (empréstimo de dinheiro a juros excessivos) marcou as transações bancárias na Idade Média. *Avareza*, detalhe de miniatura do século XIV, presente no manuscrito *Tratado sobre os sete vícios*, feito em Gênova, Itália.

O amor é paciente, é **benfazejo**; não é invejoso, não é **presunçoso** nem se incha de orgulho; não faz nada de vergonhoso, não é interesseiro, não se **encoleriza**, não leva em conta o mal sofrido; não se alegra com a injustiça, mas fica alegre com a verdade. Ele desculpa tudo, crê tudo, espera tudo, suporta tudo. O amor jamais acabará.

1 Coríntios 13,4-8. *Bíblia Sagrada*. 8. ed. Tradução da CNBB. Brasília: Edições CNBB; São Paulo: Editora Canção Nova, [s.d.]. p. 1411.

▶ **Benfazejo:** aquilo que faz bem ou que pratica o bem.

▶ **Presunçoso:** aquele que se julga melhor do que os outros.

▶ **Encolerizar:** sentir ou causar irritação, ira, cólera.

O amor a Deus

A prática do amor nos realiza, nos torna felizes. Dessa forma podemos entender por que Deus – que é a fonte do amor – nos recomendou que o amássemos sobre todas as coisas.

Quem não ama a Deus mais do que a todas as coisas, quem não aprende a amar, acaba amando alguém ou algo como se fosse Deus. É o que muita gente faz em relação aos bens materiais e aos prazeres da vida.

Em vez de utilizá-los como meios para a realização pessoal, submetem-se a eles e se tornam escravizados, transformando-os em falsos deuses, ídolos.

Quem ama verdadeiramente a Deus acima de tudo não procura ganhar dinheiro ou obter vantagens à custa dos outros, pois ama as outras pessoas como a si mesmo e não pratica o mal contra elas. Se todas as pessoas praticassem o primeiro mandamento, o mundo seria bem diferente. Não haveria crianças abandonadas, pessoas em situação de miséria, drogadas ou prostituídas, fome, roubos e tantos outros males, afinal todos se ajudariam e colaborariam para o bem comum da sociedade.

Espera-se que quem ama a Deus em primeiro lugar resista firmemente à imposição escravizante de certas propagandas, que estimulam o consumismo desenfreado e, por isso, têm sido causa de frustrações e sofrimentos diversos nas pessoas.

O perigo das sereias

Segundo a mitologia grega, as sereias atraíam os navegantes com seus cantos **maviosos**. Quando se aproximavam delas, suas embarcações encalhavam na areia, e elas os devoravam.

Mavioso: que enternece ou comove, agradável aos ouvidos.

As sereias representavam os perigos da vida. Hoje as sereias disfarçam-se com outros nomes. As propagandas, por exemplo, às vezes funcionam como sereias **capciosas**. Leia o texto a seguir.

> **Capcioso:** enganador, astucioso.

Vivemos em uma época consumista. Até as sacolas multicoloridas são um incentivo ao consumo.

Antigamente, as propagandas de roupas mostravam moças bonitas que tornavam a roupa bonita. Depois, as roupas bonitas é que passaram a tornar uma moça bonita. Por fim, com o ápice desse processo de inversão, surgiu a propaganda de um determinado *jeans*. Uma moça compra uma calça, mas não consegue vesti-la. Começa, então, a maratona de emagrecimento. Enquanto ela não cabe na calça, os rapazes bonitos a chamam de "gordinha do escritório". Após muito regime e imensos sacrifícios, ela consegue, enfim, vestir a calça e chamar a atenção dos rapazes. No final da propaganda, a frase marcante: "Você foi feita para esta calça!". A calça não é mais feita para pessoas, mas as pessoas para as calças! Aonde chegaremos com essa inversão?!

SUNG, Jung Mo. *Deus:* ilusão ou realidade? São Paulo: Ática, 2006. p. 68.

Propaganda contra as drogas, criada pelo publicitário Odair Alves em 2015.

Outro grande problema social de nosso tempo são as drogas, uma das mais perigosas ameaças à vida. Infelizmente muitas pessoas buscam a felicidade nas drogas. Mas a realidade mostra seres humanos que perderam tudo o que tinham e se afastaram daqueles que os amam porque optaram por esse caminho. Sair dessa situação de vício é algo muito complicado, é preciso ajuda e até tratamento médico. Por isso é preciso fugir das drogas, antes que nos escravizem e nos façam servi-las como a deuses cruéis.

Para ler e pensar

Desejos infinitos

Alguma vez você já esteve completamente feliz e satisfeito? Sem sentir desejo algum? Provavelmente não, porque nosso coração está sempre buscando segurança e felicidade, que nunca são totalmente realizadas. No entanto, a vontade de ser feliz nos acompanha a vida inteira em tudo o que fazemos.

Você está estudando, mas sabe que vai poder jogar *videogame* ao terminar a lição. Nesse momento, seu maior desejo é acabar tudo rápido para se divertir na frente da tela. A partir do instante em que acabou de estudar e começa a jogar, você quer que o tempo passe bem devagar, para não chegar a hora de dormir. São dez e meia, e você vai para a cama. E agora, acabaram-se os desejos? De jeito nenhum! Deitado no quarto, você torce para não chover amanhã e "rolar" aquele futebol.

Existem momentos em que acreditamos estar completamente felizes. Mas isso é um sentimento passageiro, que não dura muito. Quando, por exemplo, temos muita sede e encontramos água, pensamos estar completamente satisfeitos. Mas, depois de matar a sede, logo ficaremos com fome ou com vontade de encontrar alguém. Nada no mundo pode representar tudo para nós. Nossos desejos não têm fim. Foi por isso que Santo Agostinho escreveu:

"Para ti, ó Deus, nos fizeste, e inquieto anda nosso coração enquanto não repousa em ti!"

Texto elaborado por CORREA, Fabiano Augusto, com base em: *Novo catecismo*. São Paulo: Herder, 1972. p. 17-19.

> *Atividades*

Vamos refletir?

1 Quando sentimos sede, precisamos tomar água. Mas o ser humano possui outros tipos de sede. Descubra alguns deles ordenando as letras abaixo.

As pessoas têm sede de:

a) _____.
AAMF

b) _____.
DROPE

c) _____.
SCSSUEO

d) _____.
ÃERPMOESNOC

e) _____.
TROCONFO

f) _____.
ORMA

g) _____.
RÇANUSAGE

h) _____.
AZP

i) _____.
FIACIDELED

j) _____.
ZÃROLVAOÇAI

k) _____.
TRANEVAU

l) _____.
COTREHIMONECNE

Harald Eisenberger/LOOK/Getty Images

2 Agora pense e responda ao que se pede.

a) Existem fontes de água. Existe uma fonte de luz, de energia e de calor: o Sol. Existe também uma fonte de amor e de felicidade. Essa fonte chama-se

_____.

b) Foi por essa razão que Deus nos ensinou que devemos _____ em primeiro lugar e sobre todas as coisas.

c) Deus ocupa um lugar especial na vida dos que nele creem. É disso que fala Santo Agostinho na frase final da seção *Para ler e pensar* deste capítulo. Copie-a abaixo.

_____

_____

3 Assinale as alternativas que podem completar corretamente a frase.

• Quem ama a Deus sobre todas as coisas...

( ) não deve procurar ganhar dinheiro prejudicando os outros.

( ) preocupa-se principalmente com os bens materiais.

( ) deve ser capaz de amar o próximo como a si mesmo.

( ) reconhece as pessoas como imagem e semelhança de Deus.

( ) transforma o dinheiro e os prazeres em seus principais objetivos de vida.

4 O texto abaixo é um **acróstico**. Preencha a primeira letra de cada linha e escreva o tema que se formou com essas letras.

_____ mar, amar, amar

_____ andou Jesus com insistência

_____ mar e ser amado

_____ esume a lei da existência

_____ bra o seu coração

_____ eus está conosco, nada temeremos

_____ le nos fez à sua imagem e semelhança

_____ nidos e de mãos dadas venceremos

_____ emeando alegria, paz e confiança.

O tema do acróstico é _____.

Acróstico: composição em verso cujas letras iniciais, lidas no sentido vertical, formam uma ou mais palavras.

Os Doutores da Alegria intervêm junto a públicos em situação de vulnerabilidade e risco social em hospitais públicos e compartilham o conhecimento produzido por meio de formação, pesquisa, publicações e manifestações artísticas. O trabalho é mantido por doações de pessoas e empresas.

5 Leia, pense e assinale com um **x** se a frase está certa ou errada.

a) O desejo de felicidade está dentro de nós.

certo ( )   errado ( )

b) As pessoas não se importam em ser felizes ou infelizes.

certo ( )   errado ( )

c) Todas as pessoas encontram a felicidade facilmente.

certo ( )   errado ( )

d) A felicidade não se encontra só nos bens materiais.

   certo ( )   errado ( )

e) É na prática do amor que se deve procurar a felicidade.

   certo ( )   errado ( )

6 Leia as citações do Evangelho de Mateus abaixo e depois responda ao que se pede.

> Onde está o nosso tesouro, ali está o nosso coração.
>
> Mateus 6,21.

> Ninguém pode servir a dois senhores: ou odiará um e amará o outro, ou se apegará ao primeiro e desprezará o segundo. Não podeis, pois, servir a Deus e às riquezas.
>
> Mateus 6,24.

a) Explique com suas palavras o que o Evangelho de Mateus quis dizer ao relacionar nosso coração com o nosso tesouro.

_____
_____

b) Você acredita que, ao conquistarmos tesouros na terra, podemos garantir os tesouros do Reino de Deus? Por quê?

_____
_____

c) Na sua opinião, quais práticas demonstram nosso amor a Deus sobre todas as coisas?

_____
_____
_____

Momento de oração

7 Agora leia com toda a sinceridade a frase abaixo, como fez o salmista na Bíblia.

A minha alma tem sede de vós, [ó Deus] [...]
como terra sedenta e sem água.

Salmo 63(62),2. *Liturgia das horas*. São Paulo: Paulus, 2004.

95

Capítulo 11
Egoísmo ou amor-próprio?

É assim o homem, caro senhor, com duas faces: não consegue amar [outra pessoa] sem [antes] se amar.

CAMUS, Albert. **A queda**. São Paulo: Círculo do Livro, 1984. p. 25.

O egoísmo leva a pessoa a tomar a si mesma como referência para tudo ao seu redor.

Jesus Cristo resumiu todos os mandamentos em apenas dois: Amarás o Senhor teu Deus de todo o coração e o teu próximo como a ti mesmo. Desse segundo mandamento, podemos concluir que amar a si mesmo é tão bom e legítimo que devo amar o próximo do mesmo modo que amo a mim. No entanto, há diferenças entre egoísmo e autoestima.

Neste capítulo, vamos conhecer essas diferenças e por que o amor fraternal pode nos fazer mais felizes.

Após uma tempestade que gerou vários alagamentos na cidade de Carlisle, na Grã-Bretanha, a população se juntou às Forças Armadas no auxílio aos necessitados. Foto de 2015.

Jesus não condenou o amor a si mesmo, que é sinônimo de autoestima, e sim o colocou como ponto de partida para o amor ao próximo.

Só se pode dar a alguém aquilo que se tem. Quem não tem dinheiro, por exemplo, não pode doá-lo a outras pessoas. Do mesmo modo, quem não tem amor-próprio não pode amar o próximo. Quanto mais me amar, mais poderei dividir meu amor com os outros.

Amor-próprio × egoísmo

Qual é a diferença entre amor-próprio e egoísmo?

O egoísmo é um falso amor-próprio. O egoísta geralmente prioriza seus interesses e desejos em detrimento de interesses e desejos das pessoas com quem se relaciona. O egoísta está preocupado em tirar o melhor proveito da situação, seja ela qual for. Em primeiro lugar sempre estão os valores que o egoísta quer, nunca os dos outros.

Ao longo da nossa vida, nossas ações não são totalmente egoístas nem totalmente generosas. Em geral ficamos em um ponto intermediário e nos movemos às vezes para um lado (o egoísta), às vezes para o outro (o generoso), de acordo com o nosso entendimento sobre aquele momento. Para que evitemos cair no egoísmo constante, há uma recomendação do apóstolo Paulo: "Examinai-vos a vós mesmos [...]" (2 Coríntios 13:5).

Já as pessoas que têm amor-próprio, ou seja, autoestima adequada, possuem um olhar generoso para o próximo, um olhar de respeito e aceitação, mesmo que o próximo não partilhe de suas opiniões.

Círculo vicioso

Certa vez o Mestre falou sobre um vizinho que tinha obsessão por adquirir terras.

— Gostaria de ter mais terras — disse ele um dia.

— Mas por quê? — perguntou o Mestre. — Já não tem o bastante?

— Se eu tivesse mais terras, poderia criar mais vacas.

— E o que faria com elas?

— Eu as venderia e ganharia dinheiro.

— Para quê?

— Para comprar mais terras e criar uma porção de vacas...

MELLO, Anthony de. *Verdades de um minuto*.
São Paulo: Loyola, 2005. v. 4. p. 99.

Ame a si mesmo

Amar a si mesmo é o mesmo que ter uma boa autoestima. A autoestima pode ser identificada pela forma como pensamos e nos sentimos a respeito de nós mesmos. Quer dizer, são as crenças e opiniões que temos sobre nossas características corporais (físicas), mentais e espirituais.

Quando temos uma boa autoestima, respeitamos nossa maneira de ser e nos sentimos satisfeitos na maior parte do tempo. Se estivermos infelizes conosco ou se tivermos medo constante de fracassar, normalmente estamos com baixa estima própria.

Para amar a si mesmo, é importante reconhecer que você tem qualidades positivas. Cuide de seus dentes, de seu cabelo, de seu corpo. Ter um *hobby* pode ajudar. Algumas pessoas dizem que andar de bicicleta, passear em parques ou praticar esporte as ajuda a ser mais positivas.

Sinta-se bem, mesmo que sua aparência física não esteja completamente de acordo com o padrão de beleza indicado pela moda, pois isso não importa. O mais importante é lembrar-se de que a beleza interior é mais atraente do que a beleza exterior.

Cultive a inteligência, a sensibilidade e os sentimentos. Aprimore a personalidade como um escultor aperfeiçoa sua obra. Ame a si mesmo!

O espelho não mostra o que somos realmente. Ele mostra o que pensamos que somos.

Um curioso teste de fraternidade

Numa aula [...] nos Estados Unidos, o professor pediu a todos os alunos que fizessem uma lista das pessoas das quais não gostavam naquela sala...

Depois do tempo estabelecido, mandou recolher os papéis para apurar o resultado: houve quem escrevesse em sua lista o nome de apenas um ou uma colega; alguns, porém, anotaram dois, três e mais... Houve uma menina que escreveu o nome de doze colegas, numa aula de vinte alunos!

O professor já estava bastante arrasado enquanto abria as folhas com o "voto secreto"... De repente veio a surpresa agradável: apareceu uma folha em branco! O dono ou a dona daquela folha não encontrou ninguém na sala de quem não gostasse.

"De quem é esta única folha em branco?", perguntou o professor.

Um pouco a contragosto uma menina de quatorze anos levantou o braço...

O professor releu mais uma vez os nomes em todas as listas e verificou, com alegria, que a única menina que não pusera ninguém na sua lista tampouco estava na lista de alguém. Donde se vê que o segredo para ser amado é sempre o mesmo: AMAR!

LIMA, Héber Salvador de. *Estórias pequenas com grandes recados*. 2. ed. São Paulo: Loyola, 1996. p. 47-48.

Para ler e pensar

O segredo

O executivo perguntou o que o Mestre considerava o segredo de uma vida bem-sucedida.

— Todo dia, faça uma pessoa feliz — respondeu o Mestre, e completou:

— Ainda que tal pessoa seja você mesmo.

Depois de um minuto, o Mestre reforçou:

— Principalmente se essa pessoa for você mesmo.

MELLO, Anthony de. *Verdades de um minuto*. 3. ed. São Paulo: Loyola, 2002. v. 4. p. 144.

Cena da peça teatral *O monge e o executivo*, inspirada no livro de mesmo nome. Produzida pelo *coaching* Vagner Molina, a peça traz reflexões sobre a importância de sermos melhores como seres humanos. Foto de 2014.

> *Atividades*

Vamos refletir?

1 Complete as frases dos pensadores, relacionando as duas colunas.

(1) Ame e acredite em si mesmo e você estará...

(2) Conheço uma única definição de felicidade:...

(3) O verdadeiro amor pelos outros tem...

(4) Cada um de nós é misterioso e não se repete...

(5) Somente quando alguém começa a amar e aceitar a si próprio,...

(   ) ser um bom amigo de si mesmo.
Pierre Solignac.

(   ) em todo o curso da história humana.
John Powell.

(   ) amando e acreditando em seu próximo.
Rabino Joshua.

(   ) é capaz de aceitar e amar os outros.
José Martin Descalzo.

(   ) como premissa um verdadeiro amor por si próprio.
John Powell.

2 Pare, pense e responda apenas mentalmente.

a) De que você mais gosta em si mesmo?

b) Há algo de que você não goste em si mesmo?

c) O que você poderia fazer para melhorar sua autoestima e, consequentemente, o amor aos outros?

3 Leia com atenção e depois faça o que se pede.

Você sabia que ...

• as pessoas agem e se relacionam umas com as outras de acordo com o conceito que têm de si mesmas?

• uma pessoa que não ama a si mesma sofre de uma dor que dói, sem parar, durante as 24 horas do dia?

• se nós amássemos e acreditássemos mais em nós mesmos, aproveitaríamos melhor o nosso potencial?

Agora complete e responda.

a) Podemos concluir, então, que _____ ensinou que as pessoas amem a si mesmas, porque sem isso não conseguiriam ser felizes nem _____ o seu próximo.

b) Você concorda com a conclusão acima? Explique sua resposta.
_____
_____
_____

Pensando juntos

4) Em duplas, completem os textos e preencham o diagrama da página seguinte com a palavra em seu respectivo número.

mundo (1)   bondade (3)   egoístas (5)   vive (7)
conceito (2)   lagoa (4)   pessoa (6)   imagem (8)

Homens _____, ouvi

Este _____ fecundo:

— Quem _____ só para si

Vive sozinho no _____.

NUNES, Baptista. In: VALENTE, Décio. *Seleta filosófica*. São Paulo: L. Oren, 1968. p. 69.

Há _____ escondida

Na alma de toda _____,

Como _____ refletida

No fundo de uma _____.

LIMA, Héber Salvador de. *Reflexos*. São Paulo: Loyola, 1982.

101

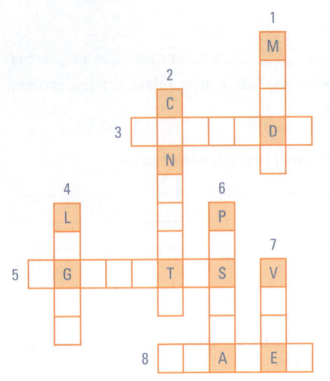
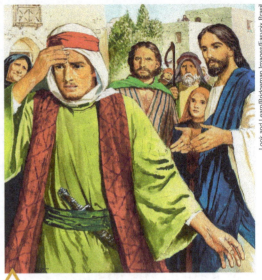

O jovem rico, gravura do inglês Clive Uptton (1911-2006), presente na obra *Homens que vieram a Jesus*.

5 Vocês são capazes de distinguir egoísmo de autoestima? Escrevam no final de cada frase.

a) Preocupar-se unicamente consigo mesmo é _____.

b) Cuidar de sua aparência pessoal é _____.

c) Ter inveja do que os outros são e conseguem é _____.

d) Alegrar-se com suas próprias realizações é _____.

e) Reconhecer seu próprio valor é _____.

f) Preocupar-se ansiosamente em acumular bens é _____.

g) Sentir-se feliz por ser especial e único é _____.

6 De que maneira podemos amar a nós mesmos sem ser egoístas?

Em duplas, descubram as respostas ordenando as palavras.

a)

| e | própria | do | bem-estar | próprio | da | Cuidando | aparência |

102

b)

| valores | nossos | Reconhecendo | assumindo-os | qualidades | e | e |

_____

c)

| quem | somos | Alegrando-nos | por | ser |

_____

O cuidado com o corpo e com a aparência é uma forma saudável de amor-próprio.

Momento de oração

7 Muitas vezes, em vez de aceitar a maravilha de nossa individualidade, tentamos ser como outra pessoa. E nos frustramos, pois a felicidade está em ser original, autêntico. Não imite ninguém! Seja você mesmo! Concentre-se e diga de todo o coração:

Eu te louvo, Senhor, porque me fizeste maravilhoso;

são admiráveis as tuas obras;

tu me conheces por inteiro.

Salmo 139(138),14. *Bíblia Sagrada*. 8. ed. Tradução da CNBB. Brasília: Edições CNBB; São Paulo: Editora Canção Nova, [s.d.]. p. 756.

Capítulo 12
Amar o próximo

Amar o próximo é folgado, o difícil é se dar com o homem ao lado.

FERNANDES, Millôr. *Millôr definitivo:* **a bíblia do caos.**
Porto Alegre: L&PM, 1994. p. 20.

A solidariedade é uma forma de amar o próximo. Doações às pessoas que perderam seus bens por causa do rompimento da barragem de uma empresa mineradora em Bento Rodrigues (MG). Foto de 2015.

Deus quer que amemos o próximo como a nós mesmos porque somos todos seus filhos e porque, para nos realizar e ser felizes, precisamos também amar a nós mesmos. Se Deus é nosso pai, somos todos irmãos.

Para crescer no amor, necessitamos de um ambiente de fraternidade. O amor fraterno engloba dedicação e interesse verdadeiros pelo outro, valorizando a confiança mútua.

Neste capítulo, vamos conhecer um pouco mais o amor ao próximo e a importância de nortear nossas ações pela solidariedade.

O amor a Deus, o amor-próprio e o amor fraterno são indissociáveis. Por isso, João afirma:

Se alguém disser: "Amo a Deus", mas odeia o seu irmão, é mentiroso [...]

1 João 4,20. *Bíblia Sagrada*. 8. ed. Tradução da CNBB. Brasília: Edições CNBB; São Paulo: Editora Canção Nova, [s.d.]. p. 1508.

O amor é um só. Quem aprende a amar, ama a Deus, a si mesmo e ao próximo. Quem ama o próximo não pensa apenas em si, mas sim no bem comum, na coletividade.

Quem é meu próximo?

Já no tempo de Jesus, as pessoas não tinham uma ideia clara de quem era o próximo a quem deviam amar como a elas mesmas. Muitos pensavam que "o próximo" se referia somente àqueles que viviam perto deles: familiares, amigos e seguidores da mesma religião, por exemplo.

Um dia, um doutor da Lei quis que Jesus lhe explicasse quem era nosso próximo. Jesus lhe respondeu com um exemplo, contando-lhe a parábola do bom samaritano:

[...] Certo homem descia de Jerusalém para Jericó e caiu nas mãos de assaltantes. Estes arrancaram-lhe tudo, espancaram-no e foram-se embora, deixando-o quase morto. Por acaso, um sacerdote estava passando por aquele caminho. Quando viu o homem, seguiu adiante, pelo outro lado. O mesmo aconteceu com um **levita**: chegou ao lugar, viu o homem e seguiu adiante, pelo outro lado. Mas um samaritano, que estava viajando, chegou perto dele, viu, e moveu-se de compaixão. Aproximou-se dele e tratou-lhe as feridas, derramando nelas óleo e vinho. Depois colocou-o em seu

▶ **Levita:** religioso que ajudava no templo.

105

> **Denário:** moeda de prata utilizada no território do Império Romano.

próprio animal e o levou a uma pensão, onde cuidou dele. No dia seguinte, pegou dois **denários** e entregou-os ao dono da pensão, recomendando: "Toma conta dele! Quando eu voltar, pagarei o que tiveres gasto a mais".

"Na tua opinião" – perguntou Jesus –, "qual dos três foi o próximo do homem que caiu nas mãos dos assaltantes?" Ele respondeu: "Aquele que usou de misericórdia para com ele". Então Jesus lhe disse: "Vai e faze tu a mesma coisa".

Lucas 10:30-37. *Bíblia Sagrada*. 8. ed. Tradução da CNBB. Brasília: Edições CNBB; São Paulo: Editora Canção Nova, [s.d.]. p. 1286.

O samaritano: exemplo de amor ao próximo contado por Jesus.

Observe que Jesus se serviu de um samaritano como exemplo de amor ao próximo, amor fraternal. Ocorre que os judeus tinham grande preconceito em relação aos samaritanos, considerando-os um povo impuro porque ao longo da história daquela região houve casamentos de samaritanos judeus com não judeus.

Essa parábola, portanto, não foi bem-vista pelos judeus. Afinal, além de ter um samaritano como exemplo de amor fraterno, contava que dois religiosos judeus (figuras consideradas exemplares pelo povo) passaram pelo ferido e não o ajudaram.

O bom samaritano deu também um exemplo de gratuidade, ou seja, fez tudo aquilo sem esperar nada em troca. Nem sequer se preocupou em saber se o assaltado era judeu, romano ou samaritano. Usou de misericórdia com o homem, cuidando dele como seu próximo.

Nosso próximo, portanto, não são apenas nossos familiares, amigos e membros de nosso grupo ou religião. Nosso próximo é todo aquele que está necessitando de ajuda, de misericórdia. O próximo pode estar ali debaixo da marquise em uma noite fria de inverno ou do outro lado do mundo, aguardando socorro.

Para ler e pensar

Exemplo de solidariedade

Flávio, 10 anos, luta valentemente contra um câncer nos rins. Sem cabelo, por causa da quimioterapia, sente-se tímido e humilhado diante dos colegas.

Seu amigo Rafael, então, toma uma decisão:

— Mãe, quero raspar o meu cabelo.

— Como assim, filho? Que moda é essa?

— Quero ficar igual ao Flávio, mãe. Hoje riram dele no colégio e eu fiquei muito triste. Não quero que ele fique sozinho assim.

Felizmente, Flávio venceu o câncer e os dois continuam muito amigos.

Amélia Schneiders
(relato de caso verídico).

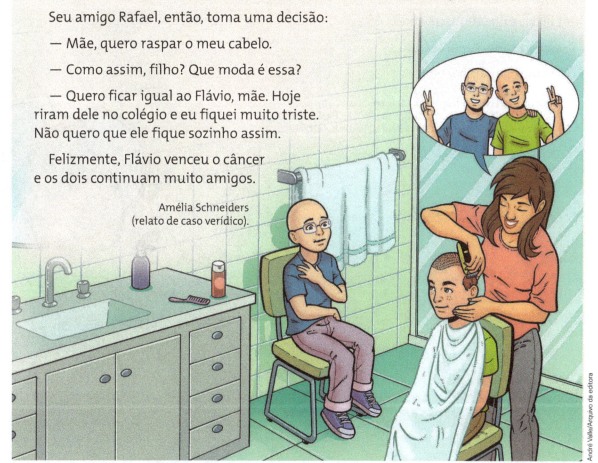

> Atividades

Vamos refletir?

1 Leia abaixo o texto da Bíblia e encontre nas cruzadinhas as palavras escondidas.

O amor é paciente,
é benfazejo;
não é invejoso,
não é presunçoso
nem se incha de orgulho;
não faz nada de vergonhoso,
não é interesseiro,
não se encoleriza,
não leva em conta o mal sofrido;
não se alegra com a injustiça,
mas fica alegre com a verdade.
Ele desculpa tudo, crê tudo,
espera tudo, suporta tudo.
O amor jamais acabará.

1 Coríntios 13,4-8. *Bíblia Sagrada*. 8. ed. Tradução da CNBB. Brasília: Edições CNBB; São Paulo: Editora Canção Nova, [s.d.]. p. 1411.

Biry Sarkis/Arquivo da editora

1. Ele _____ tudo,

2. _____ tudo.

3. O _____ jamais acabará.

4. _____ em tudo,

5. não se _____ com a injustiça,

6. mas fica alegre com a _____.

7. O amor é _____,

8. é _____.

Cruzadinha com letras iniciais: 1 D ... A; 4 C; 7 A ... T; 8 E ... Z; letras V, A nas colunas.

2 O que Jesus nos ensina na parábola do bom samaritano? Assinale as alternativas corretas.

( ) Nosso próximo é todo aquele que precisa de nós.

( ) Devemos amar só nossos amigos e conhecidos.

( ) A regra é cada um por si e Deus por todos.

( ) Devemos ajudar sem olhar a quem.

( ) Somos todos irmãos.

( ) Basta cuidar bem da própria vida.

3 Releia o texto do capítulo, reflita e responda às questões a seguir.

a) Por que Deus quer que amemos o próximo como a nós mesmos? Dê duas razões.

_____

_____

b) Certa passagem da Bíblia chama de mentiroso aquele que diz que ama a Deus, mas não ama o próximo. Como você entende isso? Explique.

_____
_____
_____

4 É comum ver mensagens em para-choques de caminhão. Crie uma para este caminhão, incentivando o amor ao próximo.

5 Leia, pense e responda às questões da página seguinte.

Um dia...

Os jovens ouvirão palavras
que não haverão de entender.

Crianças da Índia perguntarão:

— O que é fome?

Crianças do Alabama perguntarão:

— O que é discriminação racial?

Crianças de Hiroshima perguntarão:

— O que é bomba atômica?

Crianças na escola perguntarão:

— O que é guerra?

E vocês lhes responderão:

— Essas palavras não são mais usadas.

São como carruagens, **galeras** ou escravidão.
Palavras que
não têm mais sentido.

E por isso foram tiradas dos dicionários...

> **Galera:** antigo barco, longo e baixo, que é movido por vela ou a remo.

KING, Martin Luther. In: *Todos temos direitos:* um livro sobre os direitos humanos. Escrito, ilustrado e editado por jovens do mundo inteiro. São Paulo: Ática, 1999. p. 11.

110

a) De acordo com o texto, que palavras desaparecerão dos dicionários?
_____
_____

b) Em sua opinião, que outras palavras deveriam também desaparecer?
_____
_____

c) E que palavras deveriam ser realçadas nos dicionários?
_____
_____

Pensando juntos

6 Converse com um colega sobre cada afirmativa abaixo. Depois respondam SIM ou NÃO a cada frase.

a) Quem estuda há seis anos já sabe o suficiente. _____

b) As pessoas já nascem sabendo amar. _____

c) Tudo na nossa vida tem de ser aprendido. _____

d) Amar a si próprio é suficiente para ser feliz. _____

e) Só se aprende a amar em um ambiente de amor. _____

f) Para ser feliz, precisamos amar e ser amados. _____

Saiba mais

Onde fica a casa do meu amigo?
Direção de Abbas Kiarostami. Irã, 1987. 1 DVD.

Por engano, o garoto Ahmed pega o caderno de seu amigo na escola. O professor exige que as tarefas sejam feitas sempre no caderno. Para evitar que o amigo seja penalizado, Ahmed parte até uma vila próxima para devolver o caderno ao amigo.

O garoto Ahmed em cena do filme.

Religiões e livros sagrados

O significado dos números na Bíblia

Para os antigos hebreus, os números não tinham somente sentido matemático, mas também simbólico. Muitas vezes, significavam uma **qualidade**, e não uma **quantidade**.

Assim, para dizer que uma pessoa é virtuosa e abençoada por Deus, a Bíblia se refere a ela como "quem viveu uma grande soma de anos". Por exemplo, no Gênesis, primeiro livro da Bíblia, há a história de um homem chamado Matusalém que viveu 969 anos. Isso não representa a idade que ele tinha, mas sim que era muito bom, justo e que obedecia aos Mandamentos.

Para dizer que seu Deus estava acima de todos os deuses, os hebreus punham a palavra *El* (Deus) no plural: *Elohim* (deuses). Portanto, uma palavra no plural não tinha sentido de soma ou de quantidade, mas de perfeição e plenitude.

Outro aspecto importante é que os números ímpares eram sempre mais perfeitos que os pares. Os números pares eram considerados inferiores porque podem ser divididos facilmente, o que cria uma ideia de fragilidade. Por isso, os números simbólicos frequentes na Bíblia são **um**, **três**, **sete** e, embora sendo pares, **dez** e **doze**.

> **Um** – considerado o número perfeito por excelência, pelo fato de ser o primeiro ou a origem dos outros números.

> **Três** – indica principalmente o que é completo, confirmado, definitivo. Por exemplo: em Isaías 6,3, Deus é chamado de santo três vezes: "Santo, santo, santo é o Senhor dos exércitos, a terra inteira está repleta de sua glória". Pedro nega Jesus três vezes (Mc 14,30), o que significa que a negação foi consciente, completa e grave. Mais tarde, arrependido, Pedro reafirma três vezes seu amor a Jesus (Jo 21,15-17). O tempo de três dias, empregado muitas vezes nas predições da morte-ressurreição, indicava a vitória definitiva da vida sobre a morte (Mc 8,31).

Pedro negando três vezes ter conhecido Jesus.

> **Sete** – é o número mais significativo na linguagem bíblica, indica perfeição e totalidade. Deus fez o mundo em sete dias (Gn 1,1-2,2). Quando Pedro perguntou a Jesus se deveria perdoar o irmão até sete vezes, o Senhor respondeu-lhe: "Não te digo até sete, mas até setenta vezes sete" (Mt 18,21-22). Como bem se vê, aí não se trata da quantidade de vezes, mas de perdoar infinitamente, ou seja, sempre. Significa que o perdão deve ser completo.

> **Dez** – entrou na lista dos números perfeitos, apesar de não ser ímpar, porque dez são os dedos das mãos. Essa era a maneira primitiva de contar. Além disso, dez é o resultado da soma de dois números perfeitos (o três e o sete). Dez são os mandamentos e dez são as pragas do Egito.

> **Doze** – número simbólico cuja importância se baseava no fato de o ano se dividir em 12 meses. Indica plenitude e perfeição. As tribos de Israel eram 12 (Gn 35,22-26). Os apóstolos eram 12 (Mt 10,1-5). A Nova Jerusalém, mencionada no Apocalipse, tem 12 portas guardadas por 12 anjos. A Cidade Santa tem 12 mil estádios – medida de distância equivalente a cerca de 2,5 mil quilômetros (Ap 21,16). O número dos eleitos era 144 mil, sendo 12 mil de cada uma das 12 tribos de Israel (Ap 7,4-8). Como se vê, o número 12, que em si já era para eles perfeito, multiplicado por mil reforça a ideia de plenitude; e o número 12 mil multiplicado por 12 representa a perfeição máxima, ou a vitória completa de Cristo, e a felicidade plena dos bem-aventurados na Jerusalém celeste.

Texto elaborado com base em: CECHINATO, Luiz. *Conheça melhor a Bíblia*. Rio de Janeiro: Vozes, 2012. p. 39-40.

> **Atividades**

1. Leia abaixo um trecho da Bíblia e explique seu significado.

   "Todos comeram e ficaram saciados, e dos pedaços que sobraram recolheram ainda doze cestos cheios." (Mateus 14,20).

   _____
   _____
   _____

2. Leia, pense e responda.

   a) O livro do Gênesis, na Bíblia, diz que um homem chamado Matusalém viveu 969 anos! Será que foi isso mesmo? Explique.

   _____
   _____
   _____

b) Quais são os números simbólicos mais usados na Bíblia?

_____

_____

_____

3 Releia o capítulo e descreva o significado simbólico de cada número na linguagem bíblica.

a) Um (1): _____

_____.

b) Três (3): _____

_____.

c) Sete (7): _____

_____.

d) Dez (10): _____

_____.

e) Doze (12): _____

_____.

4 Comente com o professor e os colegas e depois escreva sua resposta.

a) Os números pares eram considerados inferiores aos números ímpares pelos antigos hebreus. Por quê?

_____

_____

b) Que sentido diferente os antigos hebreus davam ao plural?

_____

_____

UNIDADE 5
O poder das emoções

- **13** As emoções em nossa vida
- **14** Como lidar com as emoções
- **15** A ira nossa de cada dia

As "máscaras" que usamos no dia a dia são formas de nos ajustar aos papéis que desempenhamos.

Expressamos diversas emoções frequentemente.

1. Quantas emoções podemos sentir?
2. Imite o rosto de uma pessoa com: alegria, raiva, tristeza, inveja, desconfiança e dor.

Capítulo 13
As emoções em nossa vida

> Todos nós temos a tendência de pensar que devemos ser responsáveis por nossas emoções. Nada está mais longe de ser verdade... somos responsáveis só pelo que fazemos como resultado do que sentimos.
>
> MASTERS, William H. In: VILLAMARÍN, Alberto J. G. *Citações da cultura universal*. Porto Alegre: AGE, 2002. p. 466.

VERISSIMO, Luis Fernando. *As cobras*: antologia definitiva. Rio de Janeiro: Objetiva, 2012. p. 18.

Analfabeto é aquele que não sabe ler nem escrever. Mas até mesmo uma pessoa alfabetizada, inteligente e experiente pode ser um **analfabeto emocional**. Ou seja, alguém que não consegue lidar com suas emoções. Nas ruas, nos ônibus, nos colégios, no trânsito existem muitos analfabetos emocionais. Os seres humanos podem aprender a desenvolver seu lado emocional. Esse conhecimento não nasce espontaneamente conosco.

Neste capítulo, vamos entender um pouco mais sobre as nossas emoções e a forma como podem ser desenvolvidas e aperfeiçoadas com a construção de novos hábitos e novas formas de pensar e agir.

O racional e o emocional

Analfabeto emocional é a pessoa que não sabe lidar com suas emoções. Nossa civilização parece ainda não ter despertado para a educação emocional; não sabe que o analfabetismo emocional é tão grave quanto a ignorância relativa à leitura e à escrita. Não basta desvendar os segredos da natureza e aprofundar os conhecimentos das ciências e da tecnologia. Também é preciso conhecer as emoções, que tanto podem ser benéficas quanto danosas para nossa saúde. Tudo depende de como lidamos com elas.

Encontrar o equilíbrio entre a razão e a emoção é uma tarefa desafiadora para todos nós. *The balance*, [s.d.], do artista austríaco Christian Schloe, é uma ilustração para almofada que demonstra esse desafio.

Durante muitos séculos, aprendemos que o ser humano é um ser racional, que tem inteligência para refletir, raciocinar, tirar conclusões e criar. Essa definição excluiu as emoções. Contudo, é preciso unir o **emocional** ao **racional**.

Razão e emoção não são duas faculdades separadas, independentes. Ambas fazem parte da natureza humana. A ação da emoção tem influência na razão, e vice-versa. Quando estamos ansiosos ou com medo, por exemplo, a razão ou a memória podem não funcionar bem. E, sem ajuda da razão, podemos perder o controle das emoções e agir de forma irada em situações que, se tivéssemos refletido com calma, perceberíamos que a atitude poderia ter sido evitada.

Tipos de emoção

Em geral, as emoções podem ser negativas ou positivas. Veja alguns exemplos a seguir.

> **Emoções negativas**: ira, raiva, ódio, inveja, tristeza, preguiça, vingança, angústia, covardia, medo, ansiedade, etc.

> **Emoções positivas**: amor, compaixão, alegria, perdão, solidariedade, temperança, coragem, justiça, paciência, etc.

As emoções positivas são consideradas **virtudes**, ou seja, valores que nos ajudam a viver melhor.

RIBEIRO, Estêvão. *Hector & Afonso – os passarinhos*. Disponível em: <www.ospassarinhos.com.br/2010/02/11/a-tira-mais-triste-perdido/>. Acesso em: 22 maio 2017.

E as emoções negativas? Elas são reprovadas pela sociedade porque causam problemas para quem as sente e para quem está próximo. Quando sentimos alguma dessas emoções, precisamos refletir sobre o que está acontecendo conosco. Por exemplo: Por que sinto inveja de meu colega? Por que tenho antipatia por certas pessoas? Por que sinto preguiça de estudar?

É possível aprender com as emoções negativas. A inveja, por exemplo, pode ser um sinal de que não estamos sabendo lutar por nossos sonhos. A antipatia por alguém pode ser causada por algum tipo de preconceito. A preguiça de estudar pode indicar que estamos precisando de ajuda ou do estímulo do professor ou de outras pessoas. Não é fácil entender nossos sentimentos. Mas precisamos tentar.

O medo e o desespero podem nos causar reações dolorosas. *O homem desesperado (autorretrato)*, 1845, do francês Gustave Courbet. (Óleo sobre tela, 45 cm × 54 cm.)

Vida sem emoções?

Você já imaginou como sua vida seria sem emoções? Você nunca sentiria paixão, nem inveja, nem ira, nem simpatia, não vibraria com a vitória de seu time nem se lamentaria com a derrota dele. Quer dizer, você não teria "coração"; seria como o Homem de Lata do filme *O mágico de Oz*, ou então como Spock, personagem do filme *Star Trek – sem fronteiras*. Spock é capaz de escrever poemas, tocar músicas e até contar piadas, mas as emoções humanas, que dão sentido à vida e a colorem, são quase um enigma para ele.

Comandante Spock, no filme *Star Trek – sem fronteiras*. Por ser extraterrestre, Spock não possui emoções humanas.

Para ler e pensar

Verde de emoção

Minhas amigas dizem que eu sou uma pateta completa. Quanto mais a fim de um menino estou, menos mostro. E, assim, ele nunca vai sacar e, se ele nunca sacar, nunca nada vai acontecer. Faz sentido, né? Mas fazer o quê? Simplesmente não consigo. Fico verde, azul, vermelha, roxa de tanta vergonha! Totalmente paralisada! E, ainda por cima, acho que dá pra ler na minha testa: "Oi, Felipe. Sabia que eu sou apaixonada por você e acho você o máximo? É, e não consigo nem dormir no dia que te vejo porque depois só fico pensando em você!". Já pensou se ele percebe? Ai, meu Deus, que vergonha!

STANISIERE, Inês. *De menina para menina, com os conselhos de Mari*. 3. ed. Belo Horizonte: Leitura, 2007. p. 81. (Título nosso.)

O corpo expressa do lado de fora as emoções que sentimos do lado de dentro.

121

> *Atividades*

Trocando ideias

1 Você conhece estas emoções? Com um colega, conversem sobre isso e ordenem as letras para ler as frases.

a) _____ e tempo conseguem mais que força e raiva.

P C A I Ê C N A I

Jean de La Fontaine.

b) A _____ é a estima de si próprio estendida aos outros.

C A F I N Ç O A N

Nicholas Valentin de Latena.

c) Nada de _____! Se acabas de fracassar, recomeça!

D O M S Â I N E

Marco Aurélio.

d) A verdadeira _____ sempre encontra um recurso.

C A R O G M E

François Fénelon.

e) A _____ no coração é como traça no pano.

T R E T A Z I S

Luís de Camões.

f) A _____ é, antes de tudo, fomento da saúde.

G A L E R A I

Joseph Addison.

g) Todas as almas nobres têm como ponto comum a _____.

X A I C Ã O M P O

Friedrich Schiller.

h) Onde há _____, há medo.

V A R G E H N O

John Milton.

i) A covardia é medo consentido; a _____ é medo vencido.

M O R E G A C

Ernest Legouvé.

j) A _____ é um sentimento que nasce sincero no coração.

T A I S A M I P

Casimiro de Abreu.

Vamos refletir?

2 Você já experimentou alguma das emoções citadas na atividade anterior? Qual? Conte como foi.

_____
_____
_____
_____
_____

Pensando juntos

3 Em duplas, leiam a seguinte história e criem uma encenação com base nela. Depois respondam às perguntas.

Duas abelhas estavam sentadas na entrada da colmeia.

Durante muito tempo havia **bramido** um violento temporal.

▶ **Bramir:** fazer um barulho muito alto.

— Por que ainda voar? — queixava-se uma delas. — Por toda parte reina uma triste desolação. Que posso fazer? — e ali ficou, abatida, no seu lugar.

— As flores são mais fortes que o temporal! — respondeu a outra.

— Em algum lugar deve ainda haver flores e elas esperam a nossa visita. Vou-me embora! — e lá se foi.

BOSMANS, Phil. *Eu gosto de você*. Petrópolis: Vozes, 1998. p. 80.

a) Como se sente a primeira abelha?
_____
_____

b) Como a segunda abelha reagiu?
_____
_____

c) Analise a atitude das duas abelhas e opine sobre a situação.
_____
_____

4 Muitas vezes as emoções são associadas a cores. É o que diz o texto *Verde de emoção*, da seção *Para ler e pensar*. Leia a frase abaixo e complete as lacunas.

A menina está verde de emoção, mas, quando fica envergonhada, ela se sente também azul, vermelha e até roxa.

a) A que emoções se referem as cores abaixo?

- Todos estavam brancos de _____.

- Ele ficou amarelo de _____.

- Eu fiquei vermelha de _____.

- Ela estava roxa de _____.

- Fulano amarelou de _____.

b) Agora escreva abaixo outras emoções que você conhece associadas a cores.

_____

_____

_____

_____

_____

5 Use as palavras do quadro para identificar cada emoção. Depois explique oralmente como nosso corpo reage em cada uma das situações.

pular	tremer	chorar	bufar
suar	suspirar	cantar	corar

a) _____ de aflição (ou nervosismo).

b) _____ de amor.

c) _____ de alegria.

d) _____ de raiva.

e) _____ de tristeza.

f) _____ de vergonha.

g) _____ de medo.

h) _____ de felicidade.

6 É muito importante conhecer nossas emoções. Você conhece as suas?
- Como você reage quando...

    a) recebe um elogio? _____
    _____

    b) leva uma bronca? _____
    _____

    c) é acusado(a) de um erro? _____
    _____

    d) vai fazer uma prova difícil? _____
    _____

    e) não entende uma explicação? _____
    _____

    f) vê alguém chorando? _____
    _____

    g) perde um jogo? _____
    _____

    h) não acreditam em você? _____
    _____

    i) precisa pedir desculpas? _____
    _____

    j) deixam você esperando? _____
    _____

    k) alguém ri de você? _____
    _____

    l) alguém pisa no seu pé? _____
    _____

    m) furam a fila na sua frente? _____

Capítulo 14

Como lidar com as emoções

Onde houver ódio, que eu leve o amor.

ASSIS, São Francisco de. *Oração da paz.*

SCHULZ, Charles. *Peanuts*. Disponível em: <www.humornatela.com.br/humor/?p=352>. Acesso em: 19 maio 2017.

    Você já pensou o que representam um sorriso, um abraço, um beijo amigo? São expressões de carinho, alegria, amizade, simpatia, bondade, paz... Fazem bem para quem os dá e para quem os recebe. No dia a dia, é possível termos atitudes mais amáveis em relação às pessoas.

    Neste capítulo, vamos compreender a importância de manter nossas emoções em equilíbrio para criarmos uma sociedade mais agradável e pacífica.

Estudando as emoções

Boas emoções, como um sorriso ao colega de trabalho, um abraço no irmão ou um beijo na amiga da escola, não devem ser artificiais. É importante que sejam sinceras, que revelem uma verdadeira alegria interior e uma consciência tranquila.

Atitudes de genuína bondade têm a capacidade de criar um ambiente pleno de confiança, além de aumentar a autoestima de todos os que estão ao redor.

O aperto de mãos e o abraço são formas de demonstrar emoção.

Mas identificar as boas e as más emoções que convivem dentro de nós não é um caminho fácil. As primeiras lições sobre as emoções são dadas pela família. Quando bem pequena, a criança não sabe nomear o que está sentindo.

Quando adultos, um importante passo é reconhecer as emoções. Muitas vezes, elas vêm misturadas. Sente-se tristeza, preguiça, ansiedade, nervosismo... É preciso identificar a emoção predominante e, com calma, examinar sua causa.

Geralmente, o nervosismo é sinal de cansaço, de poucas horas de sono, de tarefas difíceis para cumprir, de decepção com alguém ou de outro aborrecimento. Uma vez identificada a causa, devemos refletir sobre ela, sozinhos ou com a ajuda de alguém. A oração de São Francisco de Assis é um ótimo recurso para isso.

Nascido em Assis, na Itália, local de onde provém seu nome, São Francisco é conhecido pelo seu amor aos animais e aos mais pobres. Na imagem, escultura do lado de fora de uma igreja católica na Ilha Isabela, em Galápagos, no Equador. Foto de 2015.

Senhor,

Fazei-me um instrumento de vossa paz.

Onde houver ódio, que eu leve o amor;

Onde houver ofensa, que eu leve o perdão;

Onde houver discórdia, que eu leve a união;

Onde houver dúvida, que eu leve a fé;

Onde houver erro, que eu leve a verdade;

Onde houver desespero, que eu leve a esperança;

Onde houver tristeza, que eu leve a alegria;

Onde houver trevas, que eu leve a luz.

Ó Mestre,

Fazei que eu procure mais consolar,

que ser consolado;

Compreender, que ser compreendido;

Amar, que ser amado,

Pois é dando que se recebe,

É perdoando que se é perdoado,

E é morrendo que se vive para a vida eterna.

São Francisco de Assis.

A palavra **onde** dessa oração pode simbolizar nosso interior. Às vezes, as emoções vêm com tanta força que acabamos agindo sem pensar. Depois nos arrependemos do que fizemos. Por isso, é preciso ter calma. Antes de revidar uma ofensa, conte até dez. É o tempo suficiente para agir com bom senso.

Persistência e tratamento

Para lidar com as emoções negativas, precisamos ser persistentes. Digamos que você seja uma daquelas pessoas que têm "pavio curto", que costumam explodir diante de uma contrariedade. Nesse caso, deve exercitar o autocontrole. Depois de um fracasso, não desanime. Prepare-se para tentar outra vez.

No entanto, nem sempre conseguimos isso apenas com nossa própria experiência e boa vontade. Às vezes, precisamos de ajuda profissional, como uma reeducação emocional, terapia psicológica ou outro tipo de tratamento. Esses recursos podem nos dar suporte para lidar com o afloramento de emoções que não conseguimos dominar.

Eis o testemunho de alguém que procurou uma reeducação emocional.

Antes eu pensava "ora, se alguém me provoca, se alguém me faz alguma coisa, a única solução é brigar, fazer alguma coisa para descontar". Depois que fiz esse programa [curso sobre educação emocional], tenho uma maneira mais positiva de pensar. Se me fazem alguma coisa negativa, eu não tento retribuir a coisa negativa; eu tento solucionar o problema.

GOLEMAN, Daniel. *Inteligência emocional*. Rio de Janeiro: Objetiva, 2010. p. 293-294.

Para ler e pensar

Síndrome do mau humor contagia as grandes cidades

▶**Síndrome:** conjunto de sinais e sintomas que podem ter mais de uma causa.

Regras de educação são cada vez mais raras num mundo onde um simples pisão de pé pode descambar para o bate-boca e a violência.

Desculpar-se de um esbarrão ou agradecer uma gentileza no trânsito. Com a correria urbana, atos como esses são considerados raridades nas grandes cidades. O motivo de tanto mau humor começa com as exigências do mundo moderno e termina com o estresse.

Devido ao aumento da competitividade entre as pessoas, a dificuldade de relacionamento aumenta a cada dia. A explicação é simples. Para ser respeitado pela sociedade é preciso ter um bom posicionamento perante ela. E a receita mais eficaz é o sucesso no trabalho. Isso significa que não basta ser apenas bem-sucedido, é necessário ser o melhor. O curioso é que, com a inversão dos valores, a palavra "sucedido", empregada frequentemente com um sentido positivo, perdeu seu significado inicial. Basta uma rápida visita pelo *Novo Dicionário Aurélio* para perceber que a palavra vem do verbo suceder – ou "tomar o lugar de outrem". O que pode ser traduzido por pura rivalidade.

Decisões

Segundo a psicóloga Selena Garcia Greca, que trabalha especificamente com o impacto das emoções na área profissional, as decisões exigidas pelo mercado de trabalho acabam se ampliando para os demais setores da vida. "O ser humano se sente pressionado a tomar decisões cada vez mais eficazes, em tempo menor. Isso acaba gerando insegurança e instabilidade nas ações, além do estresse", explica.

Essa pressão acontece com pessoas das mais diversas idades, em padrões sociais diferentes. Todos estão sujeitos a ela. "Até mesmo crianças com muitas responsabilidades e várias atividades sofrem com isso", diz Selena.

Desconhecimento

De acordo com a psicóloga, a maioria das pessoas nem desconfia que sofre de estresse urbano. Consequentemente, elas acabam acreditando que as ofensas são perfeitamente normais e aceitáveis. Outra parte da população, quando se conscientiza do próprio estado, não é capaz de modificar os antigos hábitos. O motivo chama-se dinheiro. "Nem sempre ganhar bem significa qualidade de vida. O dinheiro é um **paradoxo**. Ao mesmo tempo que pode trazer felicidade, pode também trazer infelicidade. Pode aproximar as famílias com boas ações ou desfazê-las com a ganância", explica.

> **Paradoxo:** contradição.

Para conseguir se distanciar desses valores, em nome de uma verdadeira qualidade de vida, algumas dicas são necessárias. Entre elas, a prática de atividades físicas; a dedicação de algumas horas da semana para o lazer e a aproximação familiar.

Situações mais comuns

> PISÃO no pé

> EMPURRÃO em filas

> COTOVELADAS em lugares cheios

> BATIDA DO CARRINHO do supermercado no calcanhar

> FALTA DE COMPANHEIRISMO quando um automóvel pede passagem

> FECHADAS no trânsito

> GROSSERIAS de quem recebe uma chamada telefônica por engano

> PEDESTRES INVADINDO espaço destinado ao trânsito de carros

SÍNDROME do mau humor contagia as grandes cidades.
Gazeta do Povo, Curitiba, 19 mar. 1999. p. 7.

> *Atividades*

Vamos refletir?

1 Imagine que você viveu cada situação citada abaixo. Depois, redija uma reação positiva e uma negativa que você poderia ter diante destes fatos.

a) Alguém da sua sala implica com você sem motivo.

Reação positiva: _____

Reação negativa: _____

b) Você vê uma pessoa com dificuldade de locomoção tentando atravessar a rua.

Reação positiva: _____

Reação negativa: _____

c) Você vê um colega pegando algo da mochila de outro sem pedir permissão.

Reação positiva: _____

Reação negativa: _____

d) Alguém pede sua ajuda para realizar as tarefas de casa.

Reação positiva: _____

Reação negativa: _____

2 Muitas vezes, para aprender a lidar com as emoções, precisamos refletir sobre nossa forma de reagir. Que tal fazer isso agora? Assinale uma das alternativas em cada questão.

a) Ao perceber que uma pessoa está tendo um acesso de raiva, revolta ou ressentimento, o melhor a fazer, em sua opinião, é:

( ) não incomodá-la.

( ) tentar distraí-la.

( ) conversar sobre o motivo de sua atitude.

b) Quando você está triste, sofrendo ou magoado, o que mais deseja é:

( ) ficar sozinho.

( ) conversar com um amigo.

( ) tentar esquecer o motivo da tristeza.

c) Quando está perturbado ou nervoso pelo medo de se dar mal em uma prova, você prefere:

( ) estudar sozinho.

( ) pedir ajuda a um colega.

( ) se distrair para esquecer a sensação de insegurança.

d) Você fica contente quando tira notas boas porque:

( ) agrada aos pais e professores.

( ) percebe que está progredindo.

( ) se sente superior aos colegas.

e) Você não foi convidado para uma festa da turma. Nesse caso, o melhor a fazer, em sua opinião, é:

( ) ignorar o fato, fingindo que não sabe de nada.

( ) procurar saber o motivo, conversando com o grupo.

( ) "dar um gelo", evitando os colegas.

f) Quando, sem motivo aparente, seu melhor amigo resolve abandoná-lo, a melhor saída, em sua opinião, é:

( ) ignorar o fato.

( ) procurar saber o motivo.

( ) "dar um tempo" e procurá-lo novamente depois.

g) Quando você leva uma bronca que considera injusta, sabendo que a culpa é, na verdade, de um amigo:

( ) você aceita a bronca e fica quieto.

( ) você se justifica e acusa o amigo.

( ) você tenta convencer o amigo a assumir a culpa.

Atividade elaborada com base em: ANTUNES, Celso. *Alfabetização emocional*. Petrópolis: Vozes, 1999. p. 66-67.

Pensando juntos

3 Em duplas, leiam o texto a seguir e o comparem com a *Oração da paz*, de São Francisco de Assis, apresentada neste capítulo (página 128). Depois, façam o que se pede.

Sei ter o amor essencial para amar cada coisa.

Sei ter as lágrimas necessárias para cada tristeza.

Sei ter o perdão para cada ofensa.

Sei o gesto perfeito para cada momento.

E isto não se aprende nos livros:

é uma herança do tempo na escola da vida.

MALDONADO, Maria José B. In: CHALLITA, Mansour. *Os mais belos pensamentos de todos os tempos.* Rio de Janeiro: Acigi, [s.d.]. v. 2. p. 314.

a) Na opinião de vocês, há semelhança entre os dois textos? Qual?

_____

_____

b) De acordo com os textos lidos, qual é o melhor tratamento para as emoções negativas? Completem.

- Para a ofensa: _____.
- Para o ódio: _____.
- Para a discórdia: _____.
- Para o desespero: _____.
- Para a tristeza: _____.
- Para a dúvida: _____.

c) Quais são, em sua opinião, as emoções mais fáceis de compartilhar com os outros? Por quê?

_____

_____

4 As coisas mais preciosas da vida não se compram com dinheiro. Ainda em duplas, completem as frases com as palavras do quadro e pensem a respeito disso.

apetite	amizade	sono
união	humano	dinheiro

133

a) Com dinheiro, pode-se comprar uma bela casa, mas não a _____ da família.

b) Com dinheiro, compra-se uma cama confortável, mas não o _____.

c) Com dinheiro, pagam-se diversões e festas, mas não a verdadeira _____.

d) Com dinheiro, compra-se comida, mas não o _____.

e) O que você jamais poderá comprar com _____ é o que se tem de mais precioso, como a bondade, a afeição, o calor _____, a compaixão, a estima, etc.

5 Comparem a cidade em que vivem com o que é descrito no texto *Síndrome do mau humor contagia as grandes cidades*.

a) Vocês já presenciaram alguma situação semelhante? Contem como foi.
_____
_____
_____

b) Com quais atitudes podemos combater o mau humor na escola e em casa?
_____
_____
_____

Momento de oração

6 Com o sincero propósito de conhecer e assumir suas emoções, ore como São Francisco.

> Senhor,
>
> Fazei-me um instrumento de vossa paz:
>
> Onde houver ódio, que eu leve o amor.
>
> Onde houver ofensa, que eu leve o perdão.
>
> Onde houver dúvida, que eu leve a fé.
>
> Onde houver tristeza, que eu leve a alegria.

Detalhe de escultura de Francisco de Assis no Equador.

Capítulo 15
A ira nossa de cada dia

A ira é uma loucura breve.

HORÁCIO. Epístolas, 1,2. In: RÓNAI, Paulo. *Dicionário universal de citações*. Rio de Janeiro: Nova Fronteira, 1985. p. 506.

Assim como os humanos, a maioria dos animais consegue manifestar sua ira.

A ira, também chamada de fúria, é um sentimento de intensa raiva e grande indignação, que geralmente se manifesta como agressão a outras pessoas.

Esse sentimento pode ser um recurso saudável, quando utilizado para nos proteger, e positivo, quando deixa claro que alguma coisa não está bem e, portanto, precisa de mudanças.

Neste capítulo, vamos compreender que a ira, mantida nos limites aceitáveis, alerta-nos para as nossas necessidades imediatas.

A ira tem o poder de ativar áreas do cérebro que estimulam o foco nas ações.

Segundo estudiosos, é possível demonstrar insatisfação com alguma coisa sem ser grosseiro ou rude com ninguém. Isso, aliás, leva a uma melhor relação entre as pessoas.

Mas tenha cuidado, pois, se não for bem administrada, a ira pode se transformar em ódio ou ressentimento e ter consequências danosas. Não devemos deixar que a ira tome conta da razão. Precisamos saber detê-la no momento certo. Isso não é fácil. Aristóteles, antigo filósofo grego, fez um estudo sobre a ira e concluiu o seguinte:

Qualquer um pode zangar-se – isso é fácil.

Mas zangar-se com a pessoa certa, na medida certa, na hora certa, pelo motivo certo e da maneira certa – não é fácil.

ARISTÓTELES. Ética a Nicômaco. In: GOLEMAN, Daniel. *Inteligência emocional*. Rio de Janeiro: Objetiva, 2007. p. 9.

A seguir, vamos analisar essa frase de Aristóteles.

> **Zangar-se com a pessoa certa.** Alguma vez você se irritou com a pessoa errada? Alguém já se zangou com você sem motivo? Às vezes, uma pessoa se irrita e acaba explodindo com quem não tem nada a ver com o problema.

BECK, Alexandre. *Armandinho e a raiva*. Disponível em: <http://jornalggn.com.br/noticia/armandinho-e-a-raiva>. Acesso em: 19 maio 2017.

> **Zangar-se na medida certa.** Não se deve exagerar na reação. Às vezes, um motivo banal gera uma reação exagerada. O fato, por exemplo, de alguém pisar em nosso pé no ônibus não é motivo para briga. Às vezes, uma simples fechada no trânsito gera agressões e até morte.

> **Zangar-se na hora certa.** Se, numa explosão de raiva, alguém nos agride, é bom ficarmos quietos e não revidar, pois nesse caso o agressor não estará em condições de ouvir nossos argumentos e protestos. Falar com a pessoa nesse momento será tempo perdido e só vai aumentar a irritação dela. É preciso esperar que ela se acalme.

> **Zangar-se pelo motivo certo.** Antes de fazer uma reivindicação, de reclamar alguma coisa, precisamos verificar se estamos com a razão.

> **Zangar-se da maneira certa.** Não se deve rebater o mal com outro mal, ou reagir violentamente a uma agressão. Nosso protesto pode ser decidido, firme e corajoso, mas não violento.

Quando Jesus estava preso, antes de morrer na cruz, um guarda não gostou de uma resposta que ele deu ao sumo sacerdote Caifás e o esbofeteou na face. Jesus reagiu prontamente, perguntando ao agressor:

[...] Por que me bates?

<small>João 18,23. *Bíblia Sagrada*. 8. ed. Tradução da CNBB. Brasília: Edições CNBB; São Paulo: Editora Canção Nova, [s.d.]. p. 1334.</small>

Jesus exigiu que o guarda lhe explicasse o motivo da agressão, mas não a revidou.

A empatia

Como você já deve ter concluído, não é fácil compreender nossas atitudes nem as das outras pessoas. Muitas vezes, o ser humano não sabe por que está agindo desta ou daquela maneira. Por isso, é comum haver muitos conflitos e divergências. Uma pessoa acusa a outra, as duas querem ter razão, e a convivência fica difícil e desagradável.

LINIERS, Ricardo Siri. Disponível em: <www.porliniers.com/tiras/browse#////1/7>. Acesso em: 22 maio 2017.

A empatia pode ajudar a resolver esse tipo de problema.

Empatia é a capacidade de se colocar no lugar do outro, de sentir o mesmo que ele, procurando entender melhor suas atitudes e seus problemas. Às vezes, é bom perguntar a si mesmo: Se eu estivesse no lugar dessa pessoa, com seus problemas e sofrimentos, será que não agiria exatamente como ela?

A empatia nos torna mais compreensivos, mais tolerantes, mais humanos.

> Empatia é a tua dor em meu coração.
>
> Autor desconhecido.

Para ler e pensar

Ira e mudança social

A ira facilita a transformação social. As pessoas iradas querem que as coisas sejam diferentes. As exigências da ira nascem da esperança de que a mudança é possível. Quando a pessoa perde essa esperança, acaba a ira.

Os oprimidos podem ficar durante muito tempo resignados a seu destino. Passivos diante de seus compromissos, hesitam em trabalhar pela mudança: "Para quê? Não se pode fazer nada; a vida é assim mesmo". Mas a consciência de que a mudança é justa e possível produz neles a esperança e a ira: "Nós merecemos coisa melhor!".

Sentindo-se capazes, as pessoas se unem para a ação – enfrentam desafios, fazem pressão por mudanças, promovem reformas.

Por isso, os organizadores de comunidade e outros defensores da mudança tentam devolver às pessoas sua capacidade de irar-se.

Texto elaborado com base em: WHITEHEAD, Evelyn Eaton; WHITEHEAD, James D. *Sombras do coração*: espiritualidade das emoções negativas. São Paulo: Paulus, 1997. p. 82.

Manifestação contra todo tipo de preconceito em São Paulo. A revolta justa é um direito de qualquer pessoa, grupo ou sociedade. Foto de 2013.

> *Atividades*

Pensando juntos

1 Em duplas, completem as lacunas, usando as palavras em destaque, e leiam.

a)
> ação   emergência   emoção   energia   sirene

A ira é considerada a _____ da _____: funciona como uma _____ que nos põe de sobreaviso diante de uma situação considerada ameaçadora e desperta a _____ que leva à _____.

b)
> zanga   tranquilidade   outros   ira   firmeza

Mas expressar a _____ com hostilidade e _____, leva os _____ a revidar. Por isso, é melhor informar com _____ e _____ o que se está sentindo.

2 Ainda em duplas, leiam, pensem e respondam.

- O que vocês fariam...

a) se vissem alguém maltratando uma pessoa mais frágil, que não consegue se defender?

_____

_____

b) se vissem alguém furando a fila na entrada do cinema ou do teatro?

_____

_____

c) se, na fila do cinema, alguém pisasse no seu pé?

_____

_____

d) se alguém, injustamente, culpasse você de ter quebrado um vaso?

_____

_____

139

3) **Leiam a frase com atenção e depois respondam.**

Só se vê bem com o coração; o essencial é invisível aos olhos.

SAINT-EXUPÉRY, Antoine de. *O Pequeno Príncipe*. Rio de Janeiro: Agir, 2010. p. 74.

a) Qual é o significado de "ver as pessoas com o coração"?

_____
_____
_____

b) Façam uma pequena lista do que consideram essencial e visível apenas com o coração.

_____
_____
_____

c) O que é necessário para que consigamos ver com o coração?

_____
_____
_____

4) **A Bíblia recomenda uma sábia atitude diante da ira. Leiam o versículo a seguir e expliquem o que sugere a parte em destaque.**

Irai-vos, mas não pequeis: **não se ponha o sol sobre a vossa ira**.

Efésios 4,26. *Bíblia de Jerusalém*. São Paulo: Paulus, 2002. p. 2044.

_____
_____
_____

Trocando ideias

5) **Para discutir com o professor e os colegas.**

Você sabia que...

- as reações emocionais negativas funcionam como um alarme, avisando-nos de que alguma coisa em nós não está bem?

140

- as emoções negativas agem tão fortemente sobre o corpo que podem até causar doenças?
- na maioria das vezes, o ódio ou a raiva afetam mais aqueles que os sentem do que aqueles a quem são direcionados?

Vamos refletir?

6 Que tal conhecer sua ira mais de perto? Faça suas anotações e depois, se quiser, mostre a alguém de sua confiança.

a) O que costuma deixara você irado?
___

b) Como você expressa sua ira?
___

c) Como reagem os que estão perto de você nesses momentos?
___

d) Como os outros podem ajudar você a se controlar?
___

e) O que faz sua ira aumentar?
___

Saiba mais

***Divertida Mente.* Direção de Pete Docter. Estados Unidos, 2015. 1 DVD.**

Riley é uma garota de 11 anos que está tentando se adaptar a uma mudança de cidade. Nessa fase, ela precisa lidar com as emoções que "moram" dentro dela, em um centro de controle em sua mente. O filme retrata como podemos lidar com as situações difíceis e como devemos acolher o diferente em nós para crescer.

141

Religiões e livros sagrados

Os nomes bíblicos

Os nomes próprios hebraicos eram mais do que simples nomes. Eles deviam expressar a origem, a missão ou outra característica marcante de uma pessoa.

Mudança de vida também implicava troca de nome. O nome Abrão, por exemplo, significa "ele é tão grande quanto seu pai". Quando Abrão recebeu de Deus a missão de formar um povo, passou a ser chamado Abraão, ou seja, "pai de multidão", episódio que pode ser lido em Gênesis (Gn 17,1-19).

O nome possuía um conteúdo interior. Deveria significar aquilo mesmo que a pessoa era no íntimo de seu ser. O nome equivalia à vida mesma da pessoa. Não ter nome era a mesma coisa que não ter existência.

CECHINATO, Luiz. *Conheça melhor a Bíblia*.
Petrópolis: Vozes, 2012. p. 41.

No Antigo Testamento, Deus recebe vários nomes. O mais comum é Javé. Esse nome aparece mais de 6 mil vezes na Bíblia.

O Êxodo registra uma passagem importante a respeito desse assunto. Quando Deus enviou Moisés para libertar o povo da escravidão do Egito, Moisés lhe perguntou: "Se me perguntarem o nome de quem me enviou, que lhes direi?". Ao que Deus respondeu: "Javé" (Ex 3,13-15).

Javé pode ser traduzido por "aquele que está presente entre o povo". Javé é a presença libertadora no meio do povo.

Mais ou menos quinze séculos depois da intervenção de Javé junto a seu povo no Egito, nasceu seu filho, que recebeu o nome de Jesus. Jesus significa "Javé salva". Ele também foi chamado Emanuel, que quer dizer "Deus está conosco" (Mt 1,23).

O povo hebreu foi mantido escravizado no Egito por quatro séculos, até a libertação por Moisés. *Êxodo do Egito pelo mar Vermelho*, século XVII, do belga Hans III Jordaens. (Óleo sobre madeira, 37,6 cm × 52,7 cm.)

Em nome de Deus

Como você viu, o nome da pessoa traduz o que ela é, sua missão, seu poder. Por isso, principalmente na Bíblia, agir em nome de alguém significa agir como se fosse a própria pessoa. Quando Jesus envia os discípulos para pregar e batizar "em seu nome" é como se ele próprio estivesse pregando e batizando.

142

Atividades

1 Como você viu, cada nome na Bíblia tem um significado. Agora, leia e relacione as duas colunas: a dos nomes e a dos seus significados.

(1) Abrão   ( ) Javé salva

(2) Abraão   ( ) grande como seu pai

(3) Javé   ( ) presente entre o povo

(4) Jesus   ( ) Deus está conosco

(5) Emanuel   ( ) pai de uma multidão

2 Agora pense no seu próprio nome.

a) Você gosta dele? Sim ou não? Por quê?

_____

_____

b) Quem escolheu este nome para você? Por quê?

_____

_____

c) Descubra o que ele significa e anote.

_____

_____

3 De acordo com o que aprendeu neste capítulo, faça o que se pede.

a) Segundo a Bíblia, o que significava não ter nome?

_____

b) Converse com seus familiares sobre o que significa construir um nome honrado. Depois redija o resultado de sua conversa.

_____

4 Comente com o professor e os colegas e depois responda.

- O que significa o nome Javé?

_____

Bibliografia

Religião

Os livros sugeridos abaixo trazem noções básicas das principais religiões do mundo. Ricas em imagens e com pesquisas sólidas, as obras revelam como e onde surgiram várias crenças religiosas, seus rituais, mandamentos, as localidades com maior número de praticantes, etc.

CARIELLO, Sergio. *Bíblia em ação*: a história da salvação do mundo (HQ). Santo André: Geográfica, 2011.

FINE, Doreen. *O que sabemos sobre o judaísmo?*. 2. ed. São Paulo: Callis, 2009. (O que sabemos sobre).

FREEDMAB, Paul et al. *O livro das religiões*. 2. ed. São Paulo: Globo, 2016. (As grandes ideias de todos os tempos).

GANERI, Anita. *O que sabemos sobre o budismo?*. 2. ed. São Paulo: Callis, 2009. (O que sabemos sobre).

_____. *O que sabemos sobre o hinduísmo?*. 2. ed. São Paulo: Callis, 2009. (O que sabemos sobre).

HUSAIN, Shahrukh. *O que sabemos sobre o islamismo?*. 2. ed. São Paulo: Callis, 2009. (O que sabemos sobre).

VERGER, Pierre Fatumbi. *Lendas africanas dos orixás*. 4. ed. Salvador: Corrupio, 2011.

WATSON, Carol. *O que sabemos sobre o cristianismo?*. 2. ed. São Paulo: Callis, 2009. (O que sabemos sobre).

WILKINSON, Philip. *Religiões*. Rio de Janeiro: Zahar, 2011. (Guia Ilustrado Zahar).

Mitologia

As mitologias dizem muito sobre a cultura de um povo e constituem sua forma de explicar os fenômenos que não compreendem por outros meios. A mitologia da Grécia antiga é uma valiosa fonte de conhecimento sobre religião e artes. Até hoje os mitos gregos influenciam a ciência, a arte, as leis e a cultura em geral.

BELLINGHAM, David. *Introdução à mitologia grega*. Lisboa: Estampa, 2000.

BULFINCH, Thomas. *O livro da mitologia*. 2. ed. São Paulo: Martin Claret, 2015.

FRANCHINI, A. S.; SEGANFREDO, Carmen. *As melhores histórias da mitologia nórdica*. 13. ed. Porto Alegre: Artes e Ofícios, 2013.

POUZADOUX, Claude. *Contos e lendas da mitologia grega*. São Paulo: Cia. das Letras, 2001.

WILKINSON, Philip; PHILIP, Neil. *Mitologia*. 2. ed. Rio de Janeiro: Zahar, 2010. (Guia Ilustrado Zahar).

Filosofia

A filosofia surgiu na Grécia antiga e se espalhou pelo mundo. Ela gerou novas ideias e possibilidades, ensinando o ser humano a conviver com a pluralidade de opiniões. Além de ajudar a desenvolver a capacidade crítica, os estudos filosóficos conduzem à melhor compreensão dos diversos dilemas vivenciados pela humanidade.

GAARDER, Jostein. *O mundo de Sofia*. São Paulo: Cia. das Letras, 2012.

HEER, Margreet de. *Filosofia em quadrinhos para principiantes*. São Paulo: Cultrix, 2013.

LAW, Stephen. *Filosofia*. 3. ed. Rio de Janeiro: Zahar, 2008. (Guia Ilustrado Zahar).

MICHAUD, Yves. *Filosofia para adolescentes*. São Paulo: Escala Educacional, 2007.

NAGEL, Thomas. *Uma breve introdução à filosofia*. 3. ed. São Paulo: WMF Martins Fontes, 2011.

SAVATER, Fernando. *Uma história descomplicada da filosofia*. São Paulo: Planeta do Brasil, 2015.

Fábulas

As fábulas são histórias curtas e antigas, cujos personagens geralmente são animais que falam e se comportam como seres humanos, reproduzindo inclusive seus defeitos e qualidades. O mais interessante nas fábulas são seus finais, sempre surpreendentes e curiosos.

LA FONTAINE, Jean de. *O melhor de La Fontaine*: fábulas. São Paulo: Escrituras, 2012.

LOBATO, Monteiro. *Fábulas*. 2. ed. São Paulo: Globo, 2012.

MOGENET, Jean-Philippe. *Fábulas de Esopo*. São Paulo: Cia. das Letrinhas, 2013.

PERRAULT, Charles. *Contos da mamãe gansa*. São Paulo: Cosac Naify, 2015.

Outras obras importantes

DRUON, Maurice. *O Menino do Dedo Verde*. Rio de Janeiro: José Olympio, 2016.
Com seu polegar verde, o menino pode fazer germinar e florescer qualquer semente, mesmo as invisíveis para nossos olhos. As flores que nascem não deixam o mal crescer.

FRANK, Anne. *O diário de Anne Frank*. Rio de Janeiro: Record, 2013.
Talvez esse seja um dos diários mais famosos do mundo. A adolescente Anne Frank narra o tempo em que ficou escondida com sua família no sótão de uma casa na Holanda, durante a ocupação nazista na Segunda Guerra Mundial. O diário expressa os sentimentos de uma jovem na iminência de ser presa e na esperança de sobreviver ao terror. Há que se destacar a solidariedade da família que ocultou os Frank.

SAINT-EXUPÉRY, Antoine de. *O Pequeno Príncipe*. 51. ed. Rio de Janeiro: Agir, 2015.
O Pequeno Príncipe é considerado um dos livros mais importantes do século XX por causa dos ensinamentos éticos que traz. O personagem principal é um principezinho que viaja por vários planetas. Seus diálogos com os personagens com os quais interage (uma rosa, um homem solitário, uma raposa, entre outros) são encantadores. *O Pequeno Príncipe* é uma lição de vida, com noções de solidariedade, cidadania e ecologia. Crianças, jovens ou adultos, todos têm o que aprender com essa obra.

WILDE, Oscar. *O retrato de Dorian Gray*. Adaptação de Clarice Lispector. Rio de Janeiro: Rocco, 2016.
Dorian Gray é jovem, muito bonito e virtuoso. Sua beleza é retratada de tal forma em um quadro feito pelo pintor Basil Hallward que deixa transparecer toda a sua pureza e inocência. Mas a beleza que tanto chama a atenção das pessoas acaba se tornando a fonte de seus problemas. Diversos dilemas vão se apresentando no decorrer desse clássico adaptado por Clarice Lispector, uma das maiores escritoras brasileiras.